Jörg Zink · Das Evangelium

Jörg Zink

Das Evangelium

Hundert Tage mit Jesus

Kreuz Verlag

Inhalt

Es wird in unsern Tagen viel über Jesus von Nazaret geschrieben. Wer auch nur für zehn Pfennige Phantasie besitzt und für drei Pfennige Sachkenntnis, schreibt irgend etwas Aufregendes über ihn. Über den Revolutionär, über den Gammler oder den Terroristen, über den harmlosen Friedensschwärmer, über den Esoteriker, über den Guru, über Jesus, den Mönch von Qumran, oder auch über den Betrüger oder gar über die schlichte Erfindung „Jesus", der nie gelebt habe, und was sich sonst ausdenken läßt. Kein Jahr, in dem uns nicht wenigstens fünf Bücher davon überzeugen möchten, nun endlich sei irgendein Betrug aufgedeckt oder irgendeine Fälschung aufgeklärt und beendet.

Ich meine, es habe wenig Sinn, jedem dieser Bücher hinterherzulaufen und es zu widerlegen, aber es wäre gut, wieder einmal selbst zuzusehen, was wir von Jesus wahrnehmen; zuzuhören, was er gesagt hat, und dabei das eigene Nachdenken nicht zu vergessen. Vielleicht können wir ein Urteil gewinnen, wer er war, was er uns zumutet, was nach seinem Urteil aus uns werden soll, welche Deutung er unserem Leben gibt und wie die Zukunft beschaffen ist, die er uns vor Augen stellt. Wir werden dabei vor allem sehen, daß das Wesentliche am Christentum nicht in irgendwelchen besonderen Gedanken liegt, sondern in der Person dieses Mannes Jesus, nach dem es sich nennt.

Und wir werden nach ihm fragen – vor allem Dogma –, hören, was von ihm erzählt ist, und dabei eine Ahnung gewinnen davon, was es eigentlich ist, das uns an ihm fasziniert, was da ausstrahlt.

Ganze Geröllhalden von Gedanken sind schon über ihn ausgeschüttet worden, und er ist dabei besonders in unserer Zeit fast unhörbar geworden. Vielleicht gelingt es, den Schutt abzuräumen, und vielleicht können wir dabei plötzlich seine Stimme wiedererkennen. Vielleicht gelingt es wieder, die Erscheinung zu sehen, die sich in den Berichten über ihn spiegelt, wie sie in den Evangelien lebt und leuchtet. Vielleicht trifft uns doch wieder der Anruf, mitzukommen, mitzugehen. Vielleicht begegnet uns doch wieder, auch uns, jene Macht des Überzeugens, der sich die Menschen unseres Kulturkreises seit zweitausend Jahren nicht entziehen konnten und die noch heute Unzähligen Kraft und Halt gibt. Vielleicht ist es doch auch uns möglich, dem Unwahrscheinlichen in ihm wiederzubegegnen, dem Wunderbaren, dem Heiligen.

Darum geht es doch, daß seine Macht uns ergreift und wir beginnen, umzudenken. Er wollte ja nicht, was sich danach immer wieder begab, daß wir ihn und was er gesagt hat in das jeweilige Denken unserer Zeit einpassen, sondern darum, daß wir in die Nähe dieser Urworte und Urereignisse kommen, die uns die Richtung unseres Lebens zeigen. Daß wir vor allem von unseren harmlosen Vorstellungen von Gott Abschied nehmen und seine Rätselhaftigkeit erkennen, die Dunkelheit auch des uns so fremden Gottes, der uns unser Schicksal zumutet und dem Jesus sich dennoch zugetan wußte und den er uns zeigt als den Unbekannten, dem zu vertrauen Sinn hat.

Was ich hier vorlege, ist kein Lehrbuch. Es ist das Bild von Jesus, das sich mir im Lauf eines langen Lebens erschlossen hat. Andere mögen vieles anders sehen. Er ist mir aber nicht nur in den alten Geschichten begegnet, sondern auch in den Ereignissen und Erfahrungen dieser Zeit und in der Gestalt von vielen Menschen, die mir von ihm gesagt und die ihn mir vorgelebt haben. Ich erzähle also mit meinen Worten nach in dem Vertrauen, daß auch uns heutigen Menschen zugänglich sei, was groß und was wahr ist. Denn mich interessiert nicht so sehr das, was wir uns am Ende dieses kleinen Jahrhunderts ausdenken, sondern vor allem das, was unabhängig von dieser Epoche gilt und was mir beständiger scheint als unsere kurzatmigen Einfälle.

Ich meine auch, das Leben sei schwer genug, und möchte mir den Luxus nicht leisten, alles von meinen eigenen Kräften und Gedanken zu erwarten und auf die Klarheit zu verzichten, die lange vor uns den Menschen eröffnet worden ist. Ich meine, es sei Streit genug in der Welt und in mir selbst, und nehme den Frieden gerne an, den mir Jesus mitgibt. Ich meine, es sei in diesem Leben kein Überfluß an Liebe und will mir gerne sagen lassen, einer, der mich liebt, habe mich in der Hand.

Und was dieses Buch betrifft: Die Texte sind gesetzt, als wären sie Gedichte. Das sind sie natürlich nicht. Aber wer sie so liest, wie die einzelnen Zeilen lauten, wird leichter hinter ihren Sinn kommen. Er wird lesen, als wäre sein Lesen eine Meditation.

Ein Wort noch zu den Anführungszeichen: Sie sagen nichts darüber aus, was wörtliches Zitat aus dem Evangelium sei und was nicht. Sie grenzen lediglich eine direkte Rede ab, sei es eine wörtlich aus den Jesusreden genommene, sei es, daß so Menschen reden, denen ich ihre Worte in den Mund lege, um zu interpretieren, was im Evangelium gemeint sei.

Die biblischen Quellennotizen sagen nur: Wenn du lesen willst, was genau gesagt ist, dann lies dort nach.

Aber ich nehme mir die Freiheit, es mit anderen Worten zu sagen.

Dies ist ein Begleitbuch. Es besteht immer aus zwei Seiten, die zusammengehören. Man wird es also nicht in einem Zug lesen, sondern in kleinen oder größeren Abschnitten. Es bringt dem mehr, der länger daran liest. Es kann auch auf dem Nachttisch liegen für den Anfang oder das Ende eines Tages. Hundert Tage sind eine überschaubare Zeit, und ich möchte dem Leser wünschen, daß in dieser Zeit etwas Lohnendes in ihm geschieht.

Was soll denn dabei aus dem werden, der den alten Worten und Geschichten nachgeht? Vielleicht ein Mensch, der seinen Weg bis ans Ende im Vertrauen gehen kann. Das wäre viel. Der ihn geht mit eigenen Gedanken und Entschlüssen. Der ihn in dem Bewußtsein geht, er werde ein Ziel erreichen, das lohnt, und einen Sinn erkennen, den er auf dieser Erde nicht finden konnte. Als ein Mensch, der sich von vielem befreit hat, was andere bindet, und sich an vieles bindet, von dem andere nichts wissen. Der auf seinem Weg nicht zurückzusehen braucht, wohl aber immer wieder hinter sich lassen darf, was ihn belastet und beschwert, auch sein Versagen und seine Irrtümer. Als ein Mensch, der einer Stimme nachgeht, die ihn ruft, mit Zuversicht und Festigkeit. Wenn sich dies finden ließe, so hätte es sich gelohnt, die alten Geschichten heute neu zu lesen.

I
Gib deinem Leben eine Richtung

1. Ein junger Mann

Etwa dreißigjährig,
aus dem oberen Galiläa stammend,
wandert er von Dorf zu Dorf.
Durch ein Land von hinreißender Schönheit.
Um einen wunderbar blauen See,
durch fruchtbare Täler,
über das Ackerland an den Hügeln
und durch steppenhaftes Grasland.

Wohin er kommt,
sammeln sich die Menschen,
wo immer er die Ufer entlang geht,
wollen sie ihn hören.
Die einen verehren ihn,
die anderen greifen ihn an.
Sie fragen ihn, und wir tun es mit ihnen
über den Abstand der Zeit hinweg:
Hast du einen Weg? Können wir den gehen?
Hast du etwas zu sagen? Wenn ja, sag es!
Wenn nicht, müssen wir uns selbst helfen.

Es geht alles seinen gewohnten Gang
drunten am See von Galiläa.
Keine besonderen Ereignisse.
Die Männer fangen Fische.
Sie reparieren ihre Boote oder ihre Netze.
Die Kinder spielen am Ufer.
Die Frauen sitzen vor ihren Feuerstellen
und backen Brotfladen.
Am Hafen verkaufen die Männer ihren Fang.
Wie immer.

Da geht Jesus am Ufer entlang. Bleibt stehen.
Sieht zwei Männer, die ihre Netze auswerfen,

einen Steinwurf vom Land entfernt.
„Kommt!" ruft er hinüber.
„Was fangt ihr Fische? Es gibt Menschen,
denen das Wasser bis zum Hals steht. Holt sie heraus!
Ich brauche euch!"

Sie schauen, starr und reglos. Dann kommen sie.
Lassen das Netz und das Boot. Steigen aus.
Können nicht widerstehen. Gehen mit.
Und die Leute an der Anlegestelle staunen
mit offenem Mund: „Na, so was!"   *Mattäus 4, 18–20*

Am Ortsrand von Kapharnaum
war die Zollstelle der großen Handelsstraße.
Der Golan war Ausland.
Einer saß da und zog die Gebühren ein –
oder auch mehr, als ihm zustand.
Jesus hatte nichts zu verzollen.
Gedanken sind immer verdächtig. Immerhin zollfrei.
Aber er nahm den Beamten mit:
„Laß dein Geld. Ich weiß Besseres für dich."
Mattäus, so hieß er, war kein Ehrenmann.
Er hielt es mit den Besatzern.

Er hatte einen guten Job. Die Leute fürchteten ihn.
Aber man wagte nicht, ihm zu sagen,
was man über ihn dachte.
Aber als ihn der Ruf traf, stand er auf.   *Mattäus 9, 9*
Und als er aufstand von seinem amtlichen Stuhl,
war er vogelfrei.
Nun konnte man ihm nachrufen: „Du Schwein!"
Aber er ging mit. In eine neue Art zu leben.

2. Eine Entscheidung ist nötig

Ein Studierter stand unter den Leuten,
die dem Wanderprediger zuhörten:
„Was du sagst, leuchtet ein.
Deine Art überzeugt mich. Ich möchte dich begleiten.“
Aber Jesus sah den zarten Büchermenschen:
„Einer wie ich hat keinen Platz zum Schlafen,
wenn es Nacht wird.
Kein Versteck, wenn man ihn sucht.
Füchse haben ihren Bau, Vögel ihr Nest,
ich lebe schutzlos und gefährdet.
Wer nur will, was alle wollen,
findet bei mir nicht, was er sucht.“ *Mattäus 8, 19–20*

Und der Mann entfernte sich. Vielleicht war er verletzt.
Vielleicht wurde er zu einem Feind.
Vielleicht auch kam er wieder.

Eines Tages kam ein junger Mann,
der schon Leiter einer Gemeinde war, und fragte:
„Meister, was muß ich tun,
um so zu werden, wie Gott mich will?“
„Du kennst die Gebote Gottes“, antwortete Jesus.
„Nicht töten. Die Ehe bewahren. Nicht stehlen.
Nicht falsch schwören. Vater und Mutter ehren.“
„Meister“, erwiderte er, „auf das alles
habe ich streng geachtet seit meiner Kindheit.“
Jesus sah in an, gewann ihn lieb und sagte:
„Eines fehlt dir. Wenn du dein Ziel erreichen willst,
dann geh nach Hause. Verkaufe, was du hast,
und gib den Erlös den Armen.
Dann komm und geh deinen Weg gemeinsam mit mir.“
Doch da wurde sein Gesicht dunkel,
und er wandte sich ab. *Markus 10, 17–22*

In einem anderen Dorf sprach einer Jesus an:
„Ich will dich begleiten, wohin immer du gehst.
Aber erlaube mir, daß ich vorher nach Hause gehe
und mit meiner Familie Abschied feiere!"
Aber Jesus wehrte ab: „Wer den Pflug anfaßt
und rückwärts schaut, taugt nicht dazu,
in den Menschen den Boden zu bereiten
für die Erkenntnis Gottes."   *Lukas 9, 61–62*

Schon von Elia, dem großen Propheten,
wird Ähnliches berichtet, tausend Jahre zuvor.
Der traf Elisa beim Pflügen.
Er ging übers Feld zu ihm hin und warf seinen Mantel,
der ihn als Propheten auswies, über Elisa
und setzte ihn so zum Propheten ein.

Elisa stand starr. Dann sagte er Ja.
„Aber laß mich erst noch Abschied nehmen
von meinem Vater und von meiner Mutter!"
Ein solcher Abschied konnte Wochen dauern.
Elia antwortete, Spott in seiner Stimme:
„Ja, geh nach Hause!
Was ich tat, hat ja nichts zu bedeuten!"
Da folgte Elisa dem Propheten sofort
und wurde wie er ein Prophet.   *1. Könige 19, 19–21*

„Entscheide dich", sagt Jesus.
Wer nie eine Entscheidung trifft,
in der es um das Ganze geht, findet keinen Weg.
Und manchmal hat er nur diesen einen Augenblick,
um seine Wahl zu treffen.

3. Er zeigt eine Richtung

Es war alles so ermüdend normal, damals.
Man lebte, so freundlich es ging.
Man beschimpfte einander. Man vertrug sich.
Man stritt um das Recht oder die Politik.
Man redete auch von Gott. Natürlich.
Man sah zu, daß am Feiertag keiner arbeitete
und am Werktag jeder fleißig war.
Alles war festgelegt. Alles war in Ordnung.
Was konnte sich noch ändern?

Aus dieser normalen Gesellschaft
griff Jesus einen heraus: „Du dort!
Du bist nicht festgelegt.
Du kannst aufstehen, wenn ich dich rufe!
Ich zeige dir etwas Großes. Etwas Anderes.
Wenn du in eine andere Richtung schaust,
kannst du es sehen.
Du kannst einen Anfang machen.
Du kannst deine Gewohnheiten ändern,
deine Überzeugungen überprüfen.
In dem Augenblick, in dem dich mein Ruf trifft,
hast du die Chance, ein freier Mensch zu sein."
Jesus sprach die Menschen auf ihre Freiheit an,
oder besser: Er gab ihnen diese Freiheit.

Vielleicht antwortete einer so: „Ich mich ändern?
Dann wäre ich der erste, der das kann.
Ich bin nicht festgelegt?
Dann bin ich der einzige,
der nicht festgelegt ist.
Nicht festgelegt durch meine Pflichten?
Meinen Beruf?
Durch meine Familie, Frau und Kinder? Nein?
Durch meine Erbmasse, meine Erziehung? Nein?

Nicht durch meine seelischen Schwierigkeiten?"
Und er hört Jesus etwa so:
„In dem Augenblick, in dem du mich hörst,
bist du frei." Kein Wunder,
daß man in ihm einen Zerstörer
aller gewachsenen Sitte und Ordnung sah.

Es war ja nicht ungewöhnlich,
daß ein Prophet oder Weisheitslehrer
Schüler sammelte.
Auch Buddha tat das, auch Sokrates,
Konfuzius oder Franz von Assisi.
Auch in Israel hatten die Rabbinen ihre Schüler.
Aber es war Sitte, daß ein junger Mann,
der einen Meister verehrte,
zu ihm hinging und sich bei ihm bewarb.
Bei Jesus fielen die, die sich ihm anboten,
in aller Regel durch.
Er sah einen, den er für fähig hielt,
und wenn der seine Freiheit bewies dadurch,
daß er sofort mitging,
wenn er ihn rief, war er geeignet.

Jesus war ein Mensch seiner Zeit und zugleich einer,
der jede Zeit und jede Epoche hinter sich ließ.
Man sah ihn, man hörte ihn.
Man konnte bei ihm die Richtung finden.
Aber wer zeigt sie uns? Uns Heutigen
in unserer großen, unübersichtlichen Welt
mit der leeren, vorgespiegelten Freiheit?
Wenn Jesus sie uns heute zeigen könnte,
müßten wir ihn hören.

4. Er meint auch die Frauen

Am Ufer im Westen lag Tiberias.
Die Residenz. Das Machtzentrum.
Herodes herrschte dort, des Kindermörders Sohn,
in seinem Palast in der nagelneuen Stadt,
die zu den Fischerdörfern herüberglänzte.
Sein Finanzminister hieß Chuza.
Der hatte eine Frau namens Johanna.
Die gehörte zur high society
und stand einem großen Hauswesen vor.

Eines Tages sah sie Jesus. Hörte ihn.
Verließ ihr Haus, ihre Diener und ihren Mann
und ging mit Jesus durch die Dörfer
in der bunten Schar, die ihm anhing,
übernachtete bei den Füchsen und den Raben.
Zum erstenmal nicht mehr die Frau eines Mannes,
sondern eine Frau: Johanna.
Ein eigener Mensch,
der sein Leben in die eigene Hand nahm.   *Lukas 8, 1–3*

Was tat Chuza? Wir wissen es nicht.
Vielleicht nahm er eine andere.
Auf alle Fälle war er sie los.
Er hatte den Spott. Es tuschelte, es kicherte.
Was treibt ein frommer Wanderprediger
mit weggelaufenen Frauen?
Was tut eine brave Ehefrau
unter weggelaufenen Männern?

Als Petrus, der Fischer, aus dem Boot trat,
fiel auch ihm sein Entschluß nicht leicht.
Immerhin verließ er seine Heimat, seinen Beruf,

seine Kindheit, die Sicherheit seines Hauses.
Seine ganze geordnete Existenz.
Wer konnte wissen,
wie lange Jesus ungestört würde wirken können?
Aber Petrus wurde zu einem Heiligen.
Ein Heiliger darf manches.
Niemand hat bisher gesagt, es sei verwerflich gewesen,
daß er von da an kein Geld mehr heimbrachte
für Frau und Kinder, für die alten Eltern.

Aber was darf eine Frau?
Sie gehörte nach damaligem strengem Recht
nicht auf die Straße, sondern ins Haus.
Ein Rabbi, ein jüdischer Lehrer jener Zeit,
hatte keine Schülerinnen.
Frauen waren nicht für die Öffentlichkeit da,
sondern für den persönlichen Bedarf eines Mannes.
Und was war überhaupt eine Frau?
War sie mehr den Menschen zuzuordnen
oder den Tieren?
Eine von ihnen entschied selbst.
Es war vermutlich ein landesweiter Skandal.

Jesus ging einen großen Schritt,
einen sehr gefährlichen, hinaus über das,
was zu seiner Zeit in seinem Volk galt.
Er sagte den Frauen: „Entscheidet selbst.
Fragt nicht eure Männer. Tut, was ihr müßt."
Man weiß nicht viel über Johanna.
Aber man kann ahnen,
wie neu das war, was Jesus wollte
und was er tat in seiner Zeit.
Und wie ungewohnt es ist bis heute.

5. Dieser Jesus ist uns fremd

Ja, kein Zweifel.
Wer meint, dieser Mann lasse sich einordnen
in ein bürgerliches Leben wie das unsere
und damit sei er verstanden, der verkennt ihn.
Jesus paßt nicht in unsere Zeit und unsere Kultur.
Er hat etwas Hartes an sich. Etwas Kantiges.
Er verlangt unmögliche Dinge,
er tut unmögliche Dinge.
Er hat seine Mutter verlassen,
seine Familie und seinen Beruf,
wie es auch Gautama Buddha tat
oder Franz von Assisi.
Wer will das von uns verlangen?

Einmal standen draußen vor dem Haus,
in dem er redete, seine Mutter und seine Brüder.
Die wollten ihn nach Hause zurückholen.
Als man ihm sagte: „Draußen ist deine Familie",
verwies er auf seine Zuhörer: „Meine Familie?
Seht her! Das sind meine Mutter
und meine Geschwister!
Wer tut, was Gott will,
der gehört zu meiner Familie!"   Markus 3, 31–34

Das paßt nicht in ein christliches Familienprogramm
und in keinen Generationenvertrag.
Es paßt nicht in unsere Zeit. Es paßt in keine.

Einmal sprach Jesus einen an: „Komm!"
Der antwortete: „Ja. Es gibt nur eine Schwierigkeit.
Ich muß die Trauerzeit einhalten
für meinen verstorbenen Vater."
(Das waren, je nachdem, wie ernst man sie nahm,
dreißig Tage oder auch ein ganzes Jahr.)

„Aber dann will ich kommen."
Aber Jesus wischte seine Bedenken beiseite:
„Laß die um die Toten trauern, die selbst tot sind.
Geh zu den Lebenden! Sag ihnen,
das Reich Gottes ist nahe!"   *Lukas 9, 59–60*

Wir wissen nicht, was der Mann tat,
aber wir hören Jesus sagen:
„Für euch gilt nicht, was eure Väter euch vorschreiben.
Nennt niemand auf dieser Erde einen ‚Vater'.
Einer ist euer Vater. Gott selbst.
Ihr seid freie Menschen und könnt selbst entscheiden –
immer dann, wenn Gott ruft.   *Mattäus 23, 9*
Meint ihr denn, ich bringe Ruhe?
Friede, Freude, Eierkuchen?
Wärme und Geborgenheit? Nein!
Ich bringe Streit. Ich sage nicht:
‚Laßt alles beim Alten. Bewahrt eure Sitten,
eure jüdischen oder eure christlichen.
Bleibt schön zusammen in euren Häusern
und euren Parteien.
Hört immer auf die gleichen! Wählt konservativ!'
An mir kann eine Familie zerbrechen.
Wer mich hört, hört nicht auf Meinungen
von Freunden oder Parteigenossen.
Er riskiert den Streit, die Konfrontation.
Er steht auf und geht. Er wagt den aufrechten Gang."
                                          Lukas 12, 51–53

Wir werden lange brauchen,
bis wir glauben können, wir hätten Jesus verstanden.
Aber wenn Jesus nicht auch eine ganz andere
Seite hätte, die uns näher ist,
könnte er unser Leitbild und unser Meister kaum sein.

6. Es gibt auch die andere Seite

Was wollte Jesus eigentlich?
Was er begründet hat, war nicht eine Kirche,
sondern eine Bewegung.
Die „Jesusbewegung" könnten wir sie nennen.
Leute, die unterwegs waren, bildeten sie.
Ohne Heimat, ohne wirtschaftliche Basis,
den steilen Forderungen gehorchend,
die Jesus für seine Mitstreiter aufstellte.

Aber damit könnten wir ihn auch vergessen
oder im Museum großer Männer abstellen.
Einer Wandergruppe dieser Art
könnten die wenigsten unter uns angehören.
Wenn Jesus nicht mehr war als ein Asket
oder ein anspruchsvoller Guru,
dann ist er nicht mehr als ein interessanter Fall
einer vergangenen Zeit.
Aber er war etwas ganz anderes auch. Was?

Es sammelte sich um ihn auch
ein ganz anderer Menschenkreis.
Nicht alle zogen mit, die ihm verbunden waren.
In den Dörfern bildeten sich
Zellen von Sympathisanten,
von Hausgemeinschaften, die Jesus aufnahmen,
bei denen er Nahrung fand, Schutz und Heimat.

Die Jesusbewegung hatte –
so würden wir sagen – zwei Flügel:
einen seßhaften und einen unbehausten.
Denn er suchte nicht die Emigration
aus den Verhältnissen seiner Zeit,
sondern ein neues Ziel für die Menschen:

ein geschwisterliches Volk, das im Frieden
und in der Erwartung eines großen Ereignisses
leben sollte.

Zum Flügel der wandernden Asketen,
die wir „Jünger" nennen,
gehörten wohl nicht mehr als hundert Leute.
Der Flügel der Stillen im Lande war größer.
Und dieser Flügel formierte sich zu der frühen Kirche,
die nach seinem Tode entstand.

Eines Tages war Jesus zu Gast im Haus des Petrus
in Kapharnaum, das eine Wohngemeinschaft war,
eine Genossenschaft von Fischern.
Es war „sein Haus", wie einmal gesagt wird.
Dieser Fischergemeinschaft war er offenbar verbunden.
Die Frau des Petrus und seine Schwiegermutter,
die Jesus einmal von einem Fieber geheilt hat,
zogen nicht mit auf seinen Wegen.   *Mattäus 8, 14*

Ein anderes Mal
wurde er gastlich aufgenommen in einem Haus,
in dem zwei Frauen lebten: Maria und Martha.
Wichtig an diesem Besuch aber war nicht nur,
daß es dort etwas zu essen gab –
das war selbstverständlich –,
sondern daß er dort in aller Stille lehrte
und daß die zwei Frauen seinen neuen Weg verstanden.
Sie zogen nicht mit ihm.
Sie blieben zu Hause und gehörten ihm doch an.
Von ihnen wurde nicht verlangt,
daß sie alles verkauften und verschenkten,
und doch lebten sie, auf irgendeine andere Weise,
nach seinen Worten.

7. Ein Volk von Geschwistern

Noch einmal die Sache mit Martha und Maria.
Wenn ein Haufe von zwölf oder mehr Männern
– und Frauen – von der Landstraße kommt,
haben die Gastgeberinnen alle Hände voll zu tun.
Da setzt sich nun die eine mit dem Namen Maria
zu Jesus und plaudert. Redet mit ihm. Hört zu.
„Meister", empört sich die andere,
„sag ihr, sie solle mit Hand anlegen!
Stört es dich nicht, daß sie faulenzt?"
Nein, das störte ihn nicht.

Frauen hatten in jener Zeit keinen eigenen Zugang
zu religiösen Dingen.
Sie hatten sich nicht für religiöse Schriften
zu interessieren.
Sie waren vom Passa ausgeschlossen,
nicht einmal das „Schema Israel",
das wichtige Gebet, durften sie mitsprechen.

Ist eine Frau ebenbürtig in religiösen Dingen?
„Sie ist es", sagt Jesus. Sie soll mitdenken.
Mitreden. Das geschwisterliche Volk entsteht
auch durch die Frauen in ihren Lehmhäusern.

Lukas 10, 38–42

Einmal war Jesus zu Gast
im Hause eines gewissen Simon.
Simon, der Hausbesitzer, zog nicht mit über Land.

Markus 14, 3

Der königliche Beamte, dessen Sohn Jesus heilte,
verließ seinen Beruf keineswegs.

Er folgte nicht nach, aber es heißt von ihm,
er habe mit seiner ganzen Familie geglaubt.

Johannes 4, 53

In Jericho traf Jesus Zachäus.
Als der seine berühmte Wendung vollzog,
pries Jesus ihn und seine Angehörigen glücklich,
obwohl Zachäus weder Haus noch Beruf verließ.

Lukas 19, 1–10

Was also sagte Jesus den Leuten? Er sagte etwa so:
„Ich will euch freimachen. Euch helfen.
Ihr seid müde von übermäßiger Last und Mühe.
Ihr leidet unter harten Gesetzen.
Ihr sollt aber leben dürfen.
Wollt ihr Gott dienen? Das ist einfach.
Denn Gott ist kein Tyrann.
Er spricht freundlich mit euch.
Gott anzugehören, wie ich es zeige,
ist schön, und leicht ist die Last,
die euer Glaube euch zu tragen aufgibt.
Aufatmen sollt ihr und frei sein." *Mattäus 11, 28–30*

Damit sprach er aus, was wir das „Evangelium" nennen,
das heißt die freundliche Anrede
auch an die kleinen Leute,
die ihm anhingen in ihrem normalen Leben
und im Zwang alles dessen, was wir normal nennen.

Das Evangelium ist, wie Jesus immer wieder sagt,
die Einladung zu einem Fest.
Und dieses Fest einer neuen Erfahrung Gottes
feiert Jesus mit den Menschen.
Manchmal auf den Straßen, manchmal in den Häusern.
Er gibt ihrem Leben die Richtung auf ein Fest.

8. Reden an die wandernde Gruppe

Aber immer wieder redete Jesus
zu der Gruppe besonders,
die mit ihm durchs Land zog.

Gautama Buddha
löste sich aus seiner reichen Familie,
ging mittellos auf die Straße
und stellte sich einmal am Tag
mit einer Schale zwischen die Menschen,
mit gesenktem Blick, in der Hoffnung,
daß irgend jemand ihm zu essen geben werde.

Aber Jesus ging es nicht um Askese.
Ihm ging es nicht um die große Gelassenheit.
Er saß nicht unter dem Bodhi-Baum.
Ihm ging es um die große Veränderung der Welt,
die er das Reich Gottes nannte.
Darum begegnete ihm nicht nur die Verehrung,
sondern auch der Haß. Und die Gefahr.

So nahm er die Gruppe seiner Begleiter
immer wieder beiseite und redete mit ihnen
über die Art, wie sie ihren Auftrag wahrnehmen
und wie sie glaubwürdig bleiben könnten:
„Wenn ihr von Dorf zu Dorf zieht,
dann ruft den Menschen zu, es stehe Großes bevor.
Gebt ihnen Hoffnung. Weckt ihr Vertrauen.

Mattäus 10, 7

Ihr habt euch entschlossen,
durch eine enge Tür zu gehen,
darum laßt alles unnötige Gepäck liegen.
Ihr geht eine schmale Straße,
aber geht sie mit einem weiten Herzen.   *Mattäus 5, 14*

Habt den Mut, einzelne zu sein,
Unabhängige mit eigenem Kopf.
Gebt eurem Leben die eine Richtung
auf das zu, was Gott tun wird, und weicht nicht ab.

Führt kein Geld mit euch in euren Taschen.
Keine Silber- und keine Kupfermünze.
Nehmt kein zweites Kleid mit,
kein zweites Paar Schuhe.
Nehmt auch keinen Stock mit
und keine andere Waffe, euch zu schützen
vor Tieren und Menschen.

Nehmt keine Lebensmittelvorräte mit.
Wer arbeitet, darf erwarten, daß er versorgt wird.
Geht als Bettler durchs Land.
Anders werdet ihr nicht glaubwürdig sein.

Kehrt unterwegs in kein Wirtshaus ein.
Laßt euch nicht aufhalten.
Wenn ihr ein Haus betretet,
dann grüßt es mit dem Wort des Friedens.
Wohnt dort ein Mensch, der den Frieden liebt,
wird euer Friede das Haus erfüllen.
Wenn nicht, dann wird euer Friede
mit euch weiterziehen.
Wenn man euch irgendwo nicht hören will,
dann schüttelt den Staub jenes Orts von euren Füßen
und laßt ihn hinter euch.   *Mattäus 10, 9–13*

Was ich euch in verschwiegener Nacht sage,
das schreit am Tage den Menschen ins Ohr.
Und was euch leise zugesprochen wird,
das ruft auf den Märkten öffentlich aus."   *Mattäus 10, 27*

9. Eine gefährliche Weisung

Was ihr dann sagt
über das, was Gott vorhat,
das wird vielen nicht gefallen.
Ihr werdet oft einsam dastehen.
Ablehnung ringsum.
Dann geht geradeaus. Bis ans Ende.
Es gibt keinen anderen Weg.

Ihr geht wehrlos unter die Wölfe.
Wenn Schafe allein sind,
lecken sich die Wölfe das Maul.
Darum seid klug und seid ohne Falsch zugleich.

Die Herrschenden werden euch vor Gericht bringen,
sie werden euch gefangensetzen und foltern.
Aber fürchtet euch nicht.
Nichts geschieht im Verborgenen,
auch nicht in Polizeistationen und Folterkellern,
das nicht ans Licht käme.

Vielleicht werden sie euch zum Tode verurteilen.
Dann nehmt das Kreuz auf die Schulter,
an das sie euch hängen werden,
und tragt es hinaus an den Ort der Hinrichtung.
Wer an seinem Leben hängt, wird es verlieren.
Und wer sein Leben opfert
in der Hingabe an Gottes Willen,
wird es finden.   *Aus Mattäus 10*

Ihr bringt ein Feuer mit,
ein Feuer von mir, dem Brandstifter.
Ja, ich will ein Feuer anzünden,
in dem viel verbrennen wird von dem,
was früher galt und bis heute gilt,

und nichts wünschte ich sehnlicher,
als daß es in Flammen stünde.

Wenn sie euch aber vor Gericht verhören,
dann macht euch keine ängstlichen Gedanken,
wie ihr auftreten und was ihr sagen sollt,
denn das wird euch gegeben werden.
Ihr braucht eure Sache nicht selbst zu führen,
denn der Geist des Vaters redet durch euren Mund.
Er offenbart die Wahrheit.
Er tritt für euch ein. *Mattäus 10, 19–20*

Fürchtet euch nicht vor den Mördern
in den Richterroben, die den Leib töten können.
Die Seele töten sie nicht.
Kauft man nicht zwei Spatzen um einen Pfennig?
Dennoch fällt keiner von ihnen von einem Baum,
wenn euer Vater nicht will.
Bei euch aber sind die einzelnen Haare
auf eurem Haupt alle gezählt.
Ihr seid Gott kostbar,
mehr als alle Spatzen zusammen. *Mattäus 10, 28–31*

Seid ganz und gar,
mit Leib und Seele und Geist
in dem, was ihr glaubt.
Alles ist dem möglich, der glaubt.
Seid ganz und gar in dem, was ihr liebt.
Alles ist dem möglich, der liebt.
Es ist nötig, daß ihr das eure tut.
Aber ihr müßt nicht mehr tun, als ihr könnt.
Das Entscheidende wächst euch zu,
ganz von selbst, aus der Fülle Gottes."

10. Heitere Sorglosigkeit

Macht euch also keine Sorgen
um euer Leben, etwa:
‚Was sollen wir essen? Was sollen wir trinken?'
Oder: ‚Was sollen wir anziehen?'
Ihr habt Leib und Leben von Gott empfangen.
Das ist mehr als die Nahrung, die ihr braucht.
Wollt ihr ihm nicht zutrauen,
daß er euch das Kleinere dazu gibt?
Der Leib, den er euch gab,
ist der nicht das größere Geschenk
als die Kleidung, mit der ihr ihn schützt?

Schaut auf die Vögel, die überall umherfliegen.
Sie säen nicht. Sie ernten nicht.
Sie sammeln keine Vorräte in Scheunen.
Euer Vater im Himmel ernährt sie.
Meint ihr nicht, er könne auch für euch sorgen?
Darum sorgt nicht für den kommenden Tag.
Der wird seine eigenen Aufgaben bringen.
Es ist genug, daß jeder Tag seine eigene Mühe hat."

Matthäus 6, 19–23

Ist Jesus für das arbeitslose Einkommen?
Oder träumt er sich in eine bessere Welt hinüber?
Kaum einer hat so klar gesehen,
wie gottverlassen diese Erde ist,
wie von Gewalt und Lüge beherrscht,
wie von Angst und Sorge verzehrt.
Aber gerade darum redet er von der Sorge
und davon, wir sollten von ihr frei sein.
Es geht um die Prioritäten, meint Jesus.

„Was sollen die Sorgen nützen?" fragt er.
„Wer erreicht mit seinen Sorgen auch nur,

daß die Zeit seines Lebens
um einen halben Meter länger wird?
Und was sorgt ihr euch um Kleider?
Schaut die roten Anemonen,
die auf allen Bergen Galiläas
wie ein Meer sich die Hänge herabziehen!
Sie mühen sich nicht, sie spinnen nicht.
Sie blühen einfach, wo immer die Sonne scheint
und der Regen fällt.
Dabei war auch Salomo in all seiner Pracht
nicht gekleidet wie eine von ihnen.
Wenn aber Gott das Gras,
das heute steht und morgen verbrannt wird,
so kostbar kleidet,
wird er nicht viel mehr für euch sorgen,
ihr Anfänger im Glauben?"   *Mattäus 6, 28–32*

Etwas Heiteres ist in Jesus.
Etwas Überlegenes.
Seine Sprache wäre begreiflich,
lebte er in dem Wohlstand, in dem wir heute leben
und der damals kaum an Königshöfen herrschte,
und nicht in seinem bitter armen Land.

Und doch diese Weisungen:
„Seht frei und offen in die Zukunft!
Achtet auf die Gerechtigkeit,
die ihr schaffen könnt.
Seht auf den Frieden,
der von euch ausgehen kann.
Schaut über diese arme Menschenwelt hinaus
auf das, was Gott tun wird.
Alles andere ist zweitwichtig."

11. Gelassenheit

Die Sorglosigkeit, die Jesus uns zeigt,
ist nicht der Gleichmut des Weisen.
Nicht die Gefühllosigkeit dessen,
der das Leben und die Menschen verachtet.
Nicht die Harmlosigkeit dessen,
der vom Verhungern der Vögel nichts weiß
oder vom Verdorren der Blumen.
Sie hat ihren Ursprung vielmehr
auf dem Grund einer Hoffnung.

Er wußte über den Menschen zu viel,
um sich die Erlösung der Welt
von menschlicher Selbstbehauptung zu versprechen.

Wer es mit der Hoffnung wagt, die er zeigt,
der sagt: Es gibt dunkle Mächte. Gewiß.
Aber ich brauche mich nicht zu fürchten.
Ich kann mit Plänen und Absichten scheitern
und mit all meinem Tun und Wirken,
aber ich bin getragen.
Ich kann schwach werden, alt und krank,
aber ich brauche nicht auf eigenen Füßen zu stehen.
Es kann mir alles genommen werden,
aber nichts brauche ich krampfhaft festzuhalten.
Es liegt mir, was ich brauche,
ungefährdet in der Hand.

Ich bin bedroht. Das ist sicher.
Aber ich brauche mich nicht zu wehren.
Der Kampf ums Dasein ist auch mir zugemutet.
Aber alles, von dem ich wirklich lebe,
empfange ich wie ein Geschenk.
Es ist schwer, unendlich schwer,
in dieser Welt das Richtige zu tun.

Aber ich brauche nur anzufassen,
was mir vor die Hand kommt,
denn Gott verläßt mich auch dort nicht,
wo mir meine Verantwortung zu schwer ist.

Es ist ganz unmöglich,
ein unschuldiges Herz zu bewahren.
Aber Gott mißt mich nicht an meiner Unschuld,
sondern an meiner Liebe zu denen,
die gleich mir schuldig sind.

Solche Gelassenheit ist eine überlegene Leichtigkeit,
wie sie nicht aus der Erfahrung des Lebens kommt.
Sie entsteht vielmehr dort,
wo ein klarsehender Mensch Gott
seine Sorge anheimgibt.
Sie ist die innere Ruhe, die dort einkehrt,
wo der Wille Gottes an die Stelle getreten ist,
an der sonst der Wille eines Menschen
sich durchzusetzen pflegt.

Und hier ist der Ursprung des Glücks,
der „Seligkeit", wie Jesus es nennt.
Seligkeit, dieses Leben in freundlicher Gelassenheit,
ist das Wissen darum,
daß es keinen Sinn hat,
dem Glück in irgendeiner Richtung nachzulaufen,
daß es vielmehr zu uns kommt.
Daß das Gelingen eines Lebens nicht erwirkt,
sondern erbeten wird.
Und diese Sorglosigkeit ist die Antwort
auf das Evangelium, auf das freundliche Wort,
mit dem Gott uns anspricht.

12. Das Schlüsselwort für alles

Was aber meint Jesus mit all dem?
Wovon sprach er? Was wollte er?
Was bedeuten die Geschichten, die er erzählte?
Die Leute brauchten lang,
bis sie es begriffen, freilich nicht so lange
wie wir Heutigen, die so weit von ihm entfernt sind.

Im trockenen Gras,
unter der Sonne zwischen den Basaltblöcken
im Osten des Sees
oder zwischen den weißen Kalkfelsen
im Westen saßen sie.
Am Ufer standen sie gedrängt,
und Jesus sprach, stehend im Boot.
Und immer wieder gebrauchte er dasselbe Wort,
das so schwer zu verstehen ist: „Reich Gottes".
„Das Reich ist nahe. Es kommt.
Es ist bei euch, es ist in euch,
es ist mitten unter euch."   *Lukas 17, 21*
Und er meinte die Wandernden
und die Seßhaften zugleich.
Es ist unsichtbar wie Gott selbst.
Wirksam wie Gott selbst.
Nur das eine ist wichtig: das Reich.
Aber was meinte er damit?
Was in aller Welt mochte er meinen?

Denn das war sein Schlüsselwort.
Aber es war nicht nur seines.
Um dieses Wort ging in seiner Zeit überall der Streit.
Zwischen den politischen Parteien,
zwischen den Gelehrten,
zwischen den Falken und den Tauben
im Kampf gegen Rom.

Was Jesus darüber sagt, könnte uns verwirren.
Denn er spricht einmal von einem Reich,
das in uns selbst sei, in uns selbst wachse
und seiner Vollendung entgegenreife.

Ein andermal spricht er von einem Reich,
das unter den Menschen entstehen solle dadurch,
daß Gerechtigkeit geschaffen wird,
daß Friede entsteht
und die zerstrittene Menschheit sich zusammenfindet
zu einer Gemeinschaft von Schwestern und Brüdern.

Und endlich spricht er auch von einem Reich,
das entstehen werde nach dem großen Umbruch,
der mit dem Ende der Welt einhergeht.
Aber dieses Reich gestalten wir nicht mit.
Wir schauen nur von ferne darauf hin
als auf die große, leuchtende Hoffnung,
die Gott uns zeigt für jene Zukunft,
die uns nach dem Ende unseres Lebens erwartet.

Vielleicht hätte Jesus statt von einem „Reich Gottes"
auch nur einfach von Gott selbst reden können.
Dann meinte er die Weise, wie Gott in uns selbst ist.
Oder die Weise, wie wir Gott
in den anderen Menschen begegnen,
oder die Weise, wie sich Gott am Ende uns zeigen wird.
Die Leute jedenfalls erschraken,
wenn er vom Reich Gottes sprach.
„Hat je einer so geredet?
Der lehrt ja nicht über Gott und über sein Reich,
er ist es selbst!
Der will nicht, daß wir über Gott diskutieren,
er will, daß wir selbst sein Reich sind."

13. Wer war dieser Mann?

Die Zukunft aber, so Jesus,
hat etwas Festliches an sich.
Immer wieder spricht er von einer „Hochzeit".

Und so feiert er kleine Feste
mit den Menschen seines Landes und sagt:
„Im Fest, das wir miteinander feiern,
spiegelt sich das Gottesreich."

Und einmal ruft er Gott an mit den Worten:
„Ich preise dich,
du Gott des Himmels und der Erde,
daß du dieses Geheimnis verborgen hast
für die Augen der Klugschwätzer
und es den einfachen Herzen anvertraust,
die dich walten lassen.
Ja, Vater, so hast du es bestimmt."   *Mattäus 11, 25–26*

Und die einfachen Herzen gaben ihm Namen
in ihrer Dankbarkeit und Verehrung,
wie sie höher nicht gedacht werden konnten.
Wer war denn dieser Jesus?

„Herr!" redeten sie ihn an.
Das heißt: Wir sehen eine Autorität in dir,
der wir uns anvertrauen.
„Meister", sagten sie, „Lehrer".
Damit wollten sie sagen:
Was du sagst über das Leben, das wir führen sollen,
ist besser, als was wir selbst uns ausdenken könnten.
Wir wollen tun, was du sagst.
Einen „Helfer" nannten sie ihn.
Einen „Heiler", einen „Heiland".
Einen „Retter", einen „Erlöser",

als sie sahen, wie er mit den Kranken umging,
mit den Gestörten, mit den Belasteten.

Aber auch den „Messias" sahen sie in ihm,
den „Gesalbten", den „Christus",
das heißt, den Bevollmächtigten Gottes.
Den „Gottessohn" nannten sie ihn
um seiner unbegreiflichen Nähe willen,
in der er zu Gott stand.
Den „Richter", den „Weisen",
den „Dämonenbeschwörer".
Oder den „Logos" sahen sie in ihm,
das heißt den, der in Gottes Namen überall wirkt,
auch im Kosmos, in der Natur, in der Schöpfung,
der für sie praktisch an Gottes Stelle trat.

War er all das? Es hat jedenfalls seinen Sinn,
daß sie so sprachen.
Damit legten sie seinem großen Geheimnis
Kleider an, wie man sie an einem Herrschenden liebt,
Kleider, die in ihrer Zeit und in ihrem Land bereitlagen,
um das Geheimnis Gottes damit zu bezeichnen.
Nathan Söderblom gebrauchte dieses Bild
von den Kleidern Gottes, und es gibt wohl kein besseres.

Manchmal auch in der Geschichte seither
verdeckten solche Kleider mehr von dem,
was er wirklich war, als sie ihn zeigten.
Und manchmal war die Fülle der Namen,
der Titel und der Gleichnisse mehr Verkleidung
als Deutung seines Wesens.

Wir wollen ihn auf seinen Wegen
ein wenig weiter begleiten.
Vielleicht zeigt sich uns, wer er war. Wer er ist.

II
Geh nach innen

14. Drei verschiedene Wege

Wenn wir in die Richtung schauen,
in die Jesus uns weist,
so sehen wir drei verschiedene Wege vor uns,
die wir gehen sollen und können.
Die gelten, alle drei, für die wandernde Gruppe
und für die Seßhaften gleichermaßen.
Jesus zeigt sie nicht nur seinen Jüngern,
den Ausnahmen, sondern auch uns allen,
die in ihren Häusern bleiben,
in ihren Berufen, in ihren Familien.
Und sie sind gangbar, sagt er.

Das „Reich Gottes", so hören wir ihn,
„beginnt in den Menschen.
Geh also in dich selbst hinein
und suche dort die Nähe Gottes,
die in dich gesät ist wie in einen Acker.

Aber bleibe nicht in dir",
das ist das zweite.
„Verliebe dich nicht in dich selbst.
Geh zu den Menschen! Sie brauchen dich.
Du wirst Gott dabei begegnen.

Aber das Entscheidende, das du suchst,
hast du damit noch nicht.
Es liegt in der Zukunft. Es liegt vor dir.
Mach dich frei von allem, was dich hindert,
und geh geradeaus dorthin,
wo die Zukunft ist. Wo Gott ist.

Noch einmal:
Schau zuerst in dich selbst hinein.
Nimm dich selbst wahr.

Nimm dich selbst als ein Geschenk,
ein kostbares, aus Gottes Hand.

Fürchte dich nicht vor dir selbst.
Steig ab die lange Wendeltreppe,
die in dich selbst hinabführt, bis auf den Grund.
Auf dem Grund deiner eigenen Seele
begegnest du Gott.
Du begegnest dem Geheimnis Gottes,
dem Geheimnis aller Dinge
und dem Geheimnis deiner selbst zugleich.

Aber dann schau dich um. Sieh die Menschen an
und die Welt, in der sie leben.
All das Unrecht. All das Elend.
Sieh den Menschen ins Gesicht
mit den Augen der Barmherzigkeit.
In ihnen begegnest du Gott."

Und dann das dritte:
„Du kommst von einer Vergangenheit her,
von einer Tradition.
Sie ist wertvoll und darf nicht verloren gehen.
Aber sie darf dich nicht binden.
Mach dich frei von Überlieferungen,
von Gewohnheiten und Ordnungen
und vom Geist deiner Zeit.
Schau geradeaus. Nimm die Freiheit auf,
die Gott dir gibt, und geh auf das Geheimnis zu,
in dem die Welt ihr Ziel findet.

Und geh alle diese Wege immer wieder.
Meine nicht, du hättest das eine oder andere
hinter dir. Du stehst am Anfang.
Steh auf und geh!"

15. Das Gleichnis vom Acker

Einmal sagte Jesus zu seinen Begleitern:
„Schaut euch um! Die Felder sind weiß!
Die Frucht ist reif für die Ernte!
Darum geht und bringt sie ein.
Die Ernte sind die Menschen,
die ihr für das Reich Gottes gewinnt." *Johannes 4, 34–35*

Ich denke mir, daß bei einer solchen Gelegenheit
alle die Gleichnisse entstanden sind,
die vom Acker, von der Saat,
vom Aufwachsen und von der Ernte sprechen.
Vielleicht saß Jesus an einem der Hänge,
von denen man ins Tal sieht,
und erzählte seinen Jüngern, was er wahrnahm:

„Denkt euch einen Bauern,
der seine Saat über seinem Acker auswirft.
Der geht nach der Arbeit nach Hause,
er schläft und wacht Nacht und Tag,
schläft ein und wacht auf, wieder und wieder,
während draußen die Saat aufgeht und wächst,
ohne daß er etwas tun muß
oder auch nur davon zu wissen braucht.
Die Erde gibt die Frucht von sich aus, von allein.

Erst kommt der grüne Halm, dann die Ähre,
dann der volle Weizen in der Ähre.
Wenn dann die Frucht reif ist, kommt seine Zeit.
Dann schickt er die Schnitter mit der Sichel hinaus
– oder bei euch modernen Menschen
den Mähdrescher –,
denn es ist Zeit zur Ernte.
Die darf er nicht versäumen. *Markus 4, 26–29*

Aber nun schau in dich selbst hinein:
Die Erde bist du.
Der Same ist das Wort,
das Gott in dich hineinfallen läßt,
das er in der Stille deiner Seele
in dich hineinspricht.
Laß wachsen, was Gott gesät hat.
So wird das Reich Gottes in dir reifen,
Gott selbst in dir, Gott selbst aus dir
wird wachsen und Frucht werden."

An einem anderen Tag, als Jesus in Kapharnaum war,
verließ er das Haus, in dem er gelehrt hatte,
und ging hinunter ans Ufer des Sees.
Dort aber drängten sich so viele Menschen um ihn,
daß er in ein Boot stieg und sich setzte,
um von dort aus zu lehren.

„Hört!
ein Bauer ging auf seinen Acker, um zu säen.
Als er die Saat auswarf,
fiel ein Teil der Körner auf den Weg,
und die Vögel kamen und pickten sie auf.
Ein anderer Teil fiel auf felsigen Grund,
wo wenig Erde war.
Weil es oberflächlich lag, ging es bald auf.
Als aber die Sonne höher stieg, welkte es,
weil die Wurzeln zu wenig Grund hatten.
Einiges fiel in ein Gestrüpp,
und die Hecken wuchsen und erstickten es.
Das übrige aber fiel in gute Erde und gab Frucht,
hundertfach oder sechzigfach oder dreißigfach.
Wer Ohren hat, höre gut zu!"   *Mattäus 13, 1–9*

16. Der Acker bist du

Seine Mitarbeiter fragten ihn,
was denn der Sinn dieser Geschichte sei,
und als sie wieder zu Hause waren,
erklärte er ihnen:

„Ich streue das Wort aus,
wenn ich von Gottes Reich rede.
Wer nun hört, was ich sage,
es aber nicht aufnimmt und begreift,
sondern es sich gleich wieder nehmen läßt,
der ist wie der Weg, auf den die Körner fallen.

Felsigen Grund dagegen nenne ich den,
der rasch aufnimmt, was ich sage,
und mit Begeisterung.
Er hat aber keine Tiefe,
in der es Wurzeln treiben könnte,
sondern ist dem Augenblick ausgeliefert.
Wenn Schwierigkeiten kommen,
ist er sofort am Ende.

Dem mit Dornen überwucherten Teil des Ackers
vergleiche ich den,
der der Saat keine Luft läßt und kein Licht.
Er würde ihr gerne Raum geben,
aber die tägliche Mühe und das Raffen von Geld
ersticken sie, und sie geht zugrunde.

Einiges fällt auf gute Erde.
Gutes Land, das sind die,
die die Saat aufnehmen und verstehen,
die sie wachsen und reifen lassen in ihnen selbst,

so daß eine Ernte heranwächst,
hundertfach oder sechzigfach oder dreißigfach."

Mattäus 13, 19–23

Vielleicht sagten unter den Hörern einige:
„Dieser Bauer versteht nichts von der Landwirtschaft,
wenn ihm die Saat immer wieder irgendwo hinfällt,
wo sie nicht gedeihen kann!"
Und ich höre Jesus antworten:
„Ich erzähle solche Geschichten,
in denen die Hälfte oder mehr mißlingt,
weil der Acker nicht in Galiläa liegt
und nicht vor eurer Haustür, sondern in euch selbst.
Weil das Menschenherz ein schwieriger Boden ist.
Weil er sich auf vielerlei Weise wehrt.
Weil in ihm so selten etwas gedeiht
von Glauben, von Güte und Barmherzigkeit,
von Vertrauen oder Liebe oder Hingabe.

Schaut nach eurer eigenen Seele:
Was wird aus guten Vorsätzen?
Was wird aus euren Einsichten und Erfahrungen?
Wieviel wird da vergessen, überhört,
überlärmt vom täglichen Gerede,
erstickt unter der täglichen Mühe und Sorge!

Und doch: Ihr seid der Acker!
Nehmt auf, was zu euch kommt, und laßt es wachsen.
Es ist die Gegenwart Gottes.
Ob ihr es glauben wollt oder nicht:
Ihr findet etwas unendlich Kostbares,
wenn ihr in euch hinabsteigt
und dort anfangt zu hören.
Ihr findet euch selbst.
Und ihr findet den nahen Gott."

17. Nimm die Saat auf

Ich sehe ihn am Wegrand
auf einen der wilden Senfsträucher zugehen
und höre ihn sagen:

„Das Reich Gottes ist in dir selbst.
Denk dir ein Senfkorn.
Es ist das kleinste von allen üblichen Samen.
Das wirft einer auf sein Feld,
und es ist, als wäre es verloren.
Aber dann wird es groß.
Größer als alle Gartenstauden
und schließlich groß wie ein Baum,
so daß die Vögel in seinem Gezweig
Nester bauen.   *Mattäus 13, 31–34*
Der Baum ist das Reich Gottes.
Er wächst in euch."

Einmal stand er mit seinen Begleitern
vor einem Feld voller Unkraut.
„Macht euch keine Illusionen", sagte er.
„In euch wächst nicht nur die Nähe Gottes,
sondern auch sehr viel, was ihr widerspricht.
Ein sehr vermischtes Kraut,
ein Kraut aus Vertrauen und Angst,
aus Güte und Unrecht,
aus Liebe und Egoismus, Glauben und Unglauben."
Und er erzählte wieder eine seiner Geschichten:

„Ein Bauer säte reines Korn auf sein Feld.
Aber ein Nachbar, der ihm seinen Erfolg neidete,
kam bei Nacht und säte giftiges Tollkraut
auf dasselbe Feld.
Die Frucht wuchs auf, aber auch das Tollkraut.
Da fragten die Landarbeiter den Bauern:

,Sollen wir durchs Feld gehen
und das Tollkraut herausreißen?'
,Aber nein!' sagte der Bauer.
,Ihr reißt sonst auch den Weizen mit heraus!
Laßt beides miteinander wachsen bis zur Ernte,
dann könnt ihr es trennen!'   *Mattäus 13, 24–30*

Geh also einigermaßen freundlich mit dir um",
meint Jesus. „Wenn du rein und heilig sein willst
und aus deiner Seele ausreißen,
was dir nicht gefällt,
kann nichts in dir wachsen.

Außerdem hat auch das,
was du Unkraut nennst,
ein merkwürdiges Lebensrecht,
ein vorübergehendes.
Überlaß es Gott, zu beurteilen,
was damit geschehen soll.

Denn schlimmer als das Unkraut sein kann,
wäre es, wenn du so tun wolltest,
als wärst du ein guter Mensch
und wenn du verbergen wolltest,
was eigentlich in dir geschieht.

Wichtig ist allein,
daß, neben viel oder wenig Unkraut,
das wächst, was aus Gott in dir wachsen will.
Daß du also nicht nur dich selbst wahrnimmst
und deinen Zustand, sondern vor allem Gott,
den wachsenden und wirkenden,
im Grunde deiner Seele."

18. Das Rätselwort vom Reich Gottes

Ich kann mir vorstellen,
daß seine Begleiter gelegentlich irgendwo
am Wegrand sitzen blieben und sagten:
„Das ist uns zu hoch. Reich Gottes?
Was sollen wir damit?"
Und ich kann mich der Frage anschließen:
Deine Geschichten, Jesus, sind so merkwürdig.
Ein heutiger Mensch kann sich unter dem
„Reich Gottes" beim besten Willen nichts vorstellen.

Uns ist alles fragwürdig geworden,
was sich „Reich" nennt.
Menschen gründen Staaten und Reiche
und führen Kriege gegen andere Reiche
von Nebukadnezar bis Hitler und bis ans Ende der Welt.
Die Wirtschaft ist ein eigenes „Reich" oder die Kunst.
Aber auch das private Glück suchen die Menschen
und errichten dafür ein eigenes Reich.
Was sollen wir mit einem „Reich"?

Das Wort „Reich Gottes" gehört tatsächlich
zu den Dingen, die wir heute kaum mehr begreifen.
„Wo Gottes Wille geschieht", sagt Jesus,
„ist sein Reich. Wo seine Gegenwart spürbar ist."

Aber laß das Wort „Reich" einfach weg.
Sprich einfach von Gott.
Vielleicht wird es dann deutlicher.
Dann ist sein Reich überall im Universum,
weil er überall ist.
Auch in fremden Universen,
von denen wir nichts wissen.
Dann war sein Reich vor Milliarden Jahren
im berühmten schöpferischen Urknall.

Dann war und ist sein Reich die Evolution des Lebens
auf dieser Erde, und jedes einzelne Geschöpf auf ihr.
Dann ist sein Reich auch in dir selbst.
Denn es ist kein Ort denkbar, an dem er nicht wäre.

Dann kannst du verstehen,
daß du auf dem Grunde deiner Seele
nicht nur dir selbst begegnest,
das wäre zu wenig, sondern auch Gott.
Und dieser Gott bist du nicht selbst.
Das wäre ein schrecklicher Irrtum.
Er ist der andere in dir. Der Fremde.
Der Heilige. Der Verborgene. Der wirkliche Gott.

Hast du das einmal verstanden,
dann kann dir für dein inneres Leben
keine Autorität mehr gelten als Gott selbst
und was er in dir spricht, in dir wirkt.
Dann kannst du niemand auf dieser Erde
mehr einen „Vater" nennen,
das heißt eine Autorität, der du dich zu fügen hast.

Mattäus 23, 9

Wenn es um das gemeinsame Leben geht,
dann achte darauf, was die Ordnungen fordern,
in denen die Menschen um dich her leben.

Mattäus 5, 18

Aber wenn es um dich selbst geht,
dann sei unabhängig, dann sei frei
von allem, was Menschen reden,
was sie glauben, was sie aufstellen
an Forderungen und an Glaubenssätzen,
und finde Gott selbst. Den Gott,
der auch in dir selbst sein Wort spricht
und sein Werk tut.

19. Das Größere ist in dir

Schau noch ein wenig tiefer.
Hinter allem, was du siehst, ist Geist.
Alle Energie ist Geist.
Alle Natur ist Geist,
dir nur andeutungsweise faßbar.
Es ist eine geistige Welt,
mitten in der Welt, die du siehst.
Aber die kannst du nur ahnen.
In der kannst du nur leben.

Wichtig ist, daß du Augen bekommst,
die Unsichtbares sehen können,
Verborgenes und Unscheinbares.
Dann wirst du Gott ahnen,
wohin immer du schaust.

Darum bist du auf dem Grund deiner Seele
zugleich auf dem Grund der Welt.
Wenn du deine eigene Seele verstehst,
verstehst du die Welt.
Und beides, die Seele und die Welt,
sind Reich Gottes.
Eins spiegelt sich im anderen
und alles ist Ort, Raum, Wohnung
des einen Gottes.

Setze darum dein ganzes Herz ein
für das, was größer ist als du selbst.
Was größer ist in deinem Geist als dein Geist.
Was größer ist in deiner Seele
als deine Seele selbst.
Darüber erzählt Jesus eine kleine Geschichte.
„Ein Juwelier ging auf Reisen
und suchte nach guten, echten Perlen.

Da fand er eine, die war wertvoller
als alles, was er bis dahin gesehen hatte,
aber sein Geld reichte nicht, sie zu kaufen.
So ging er nach Hause,
verkaufte sein Geschäft und all seinen Besitz,
kam wieder und kaufte die Perle." *Mattäus 13, 45–46*

Das tut doch kein vernünftiger Händler!
könnte man einwenden.
Weiß er, ob er einen Käufer dafür findet?
Kann er von seiner Perle essen?

Aber ich höre Jesus sagen:
„Es ist etwas in dir,
das du noch nicht gefunden hast,
etwas unendlich Kostbares: das Reich Gottes.
Wenn du zu einer großen Entscheidung fähig bist,
kannst du es finden.

Laß dann alles hinter dir,
Traditionen, Glaubensweisen,
auch den Geist deiner eigenen Zeit
und alle Hoffnungen, von denen die Menschen
um dich her leben,
alles, was dir fremd ist,
und suche das eine.

Du merkst schon,
wenn es in dir antwortet,
wenn es in dir zustimmt.
Du brauchst keine Zustimmung von außen.
Die Freiheit eines Christen
hängt an der Gegenwart Gottes
in der Seele eines aufmerksamen Menschen."

20. Das innere Reich

Habe ich mir damit etwas ausgedacht,
was nicht im Evangelium zu finden ist?

Immer wieder standen unter den Zuhörern
auch Leute, die der besonderen Gemeinschaft
der Pharisäer angehörten,
Menschen, die mit besonderem Ernst
nach dem Reich Gottes ausschauten.

Die fragten einmal:
„Jesus, du redest vom Reich Gottes.
Kannst du uns sagen, wann es kommen wird?"
Und Jesus antwortete:
„Ihr denkt nach Uhr und Kalender.
Gott aber kommt nicht zu einer bestimmten Zeit.
Er kommt auch nicht an einen bestimmten Ort,
an dem er sich festmachen ließe.
Er ist hier. Er ist jetzt.
Er ist unter uns. Er ist, wo ich bin.
Er ist auch bei euch Pharisäern.
Er ist euch näher, als ihr meint.
Er ist hier bei mir und bei denen,
die mit mir unterwegs sind.
Er ist innen. Innen in euch.
Tut die Augen auf, die eure Seele hat.
Sein Reich ist innen in euch selbst.   *Lukas 17, 21*

Das Reich Gottes ist kein Machtapparat,
keine Herrschaft wie die Herrschaft von Menschen.
Keine glanzvolle Hofhaltung,
wie die von Königen dieser Erde,
auch wenn es schön sein mag,
sich vorzustellen, wie Gott auf goldenem Thron sitzt,
umgeben von seinen Höflingen.

Wenn ihr Gott begegnet,
wenn ihr ihn erfahrt in euch selbst,
dann merkt ihr vielleicht nur,
daß etwas in euch lebendig wird,
euch durchdringen will, euch verändern;
daß da eine leise Anrede ergeht.
Dann gebt Raum einer verborgenen Kraft
und überlaßt euch ihr.
Sie will, daß ihr wachsen könnt."

Als sie sich einmal niedersetzten
irgendwo in einem Hof zwischen den Häusern
und da eine Frau saß, die Brotfladen machte
auf einem runden Blech, das von der Sonne heiß war
und das nur ein paar Disteln brauchte,
um den Teig zu Brot zu backen,
da redete Jesus von ihr:

„Wenn Gott in dir wirken soll,
dann geht das zu
wie bei einer Hausfrau, die Brot bäckt.
Sie nimmt ein kleines Bällchen Sauerteig
und verknetet und vermischt es
mit einer großen Wanne Teig.
Dann deckt sie die Wanne zu
und wartet bis zum nächsten Tag,
bis der ganze Teig durchsäuert ist
und sie Brot backen kann,
eßbares, gutes, duftendes Brot."   *Mattäus 13, 33*

21. Was zu gewinnen ist

Wenn du so absteigst in dich selbst,
die lange Wendeltreppe,
dann wirst du eine Entdeckung machen,
wie ein Bauer sie machte,
von dem ich erzählen will", sagte Jesus.
„Und bedenke dabei: Der Acker bist du selbst.

Der Bauer also stieß in dem Acker,
durch den er seinen Pflug führte,
auf einen vergrabenen Schatz.
Er durfte ihn aber nicht nach Hause mitnehmen,
denn der Acker gehörte ihm nicht.
So deckte er den Fund wieder zu,
ging in seiner Freude heim,
verkaufte sein Haus und seinen ganzen Besitz
und kaufte den Acker.   *Mattäus 13, 44*

Er machte sich zu eigen,
was er selbst war, um das zu finden,
was nicht aus ihm selbst kam,
sondern das ein anderer in ihm verborgen hatte.

Wenn du also Gott findest so nahe bei dir,
in dir, in deiner eigenen Tiefe,
dann entdeckst du, daß etwas für dich bereitliegt,
eine Lebenskraft, die die deine übersteigt,
eine Macht, die dich durchdringt,
eine Klarheit, die du nicht aus dir selbst hast.
Dann findest du ein Vertrauen,
das nicht aus dir selbst kommt.
Eine Gewißheit, die du nicht aufbrächtest,
wenn nicht ein anderer
sie in dich gelegt hätte.

Wenn das aber geschieht,
dann gilt dir nur noch dieses Maß.
Dann ist die Wahrheit nicht mehr nur, was man dir sagt,
sondern vor allem, was dir selbst begegnet.
Dann ist der Grund der Welt vertrauenswürdig
und du weißt: Hier ist Gott!
Hier ist ein Anruf, den ich hören muß.
Hier ist ein Sinn, der mich überzeugt.

Dann weißt du auch,
daß du dich nie mehr in deinem Leben
abhängig machen mußt
von anderen Leuten.
Man wird dich eines Tages nicht fragen:
‚Was haben deine Väter geglaubt?
Deine Mütter, deine Mitchristen?
Hast du ein Glaubensbekenntnis mitgesprochen,
das von anderen Leuten stammt
und aus einer lange vergangenen Zeit?'
Sondern: ‚Was ist dir selbst begegnet?
Was hast du selbst erfahren?
Was hast du selbst erlebt,
geschaut, verstanden?
Was hast du selbst geglaubt?
Worauf hast du dein Leben gegründet?
Nach welchem Maß hast du gemessen,
was du tun sollst?'

Denn in alledem
liegt der Anfang des Reiches Gottes,
das entstehen soll an der Stelle,
an der du stehst.
Nicht irgendwo, sondern in dir selbst."

22. Ein Anfang aus dem Geist

Die Tage sind heiß in jenem Land.
Aber wenn die Sonne untergegangen ist,
dann kommen die Leute aus ihren Häusern,
den dunklen, fensterlosen,
und setzen sich zusammen
unter dem märchenhaft klaren Sternenhimmel.
Und dann beginnen die Gespräche.

Eines Tages, so erzählt Johannes,
kam ein Mann zu Jesus,
ein bekannter Gelehrter.
Er wollte nicht gesehen werden,
er wollte in Ruhe mit Jesus reden
und kam deshalb bei Nacht:

„Meister, wir wissen,
daß du von Gott gesandt bist.
Niemand kann so wunderbare Dinge tun,
wie du, wenn nicht Gott ihm beisteht.
Wie könnte denn geschehen, was du tust,
ohne ihn?"

Und Jesus redete mit ihm.
Ich vermute, eine Nacht lang:
„Reden wir nicht von mir, sondern von dir.
Wenn du nicht von Gott selbst
die Kraft empfängst für einen Neuanfang,
der dein ganzes Leben umgreift
und dein ganzes Herz,
wenn sie nicht in dich fällt wie eine Saat,
kannst du Gott nicht begegnen."

Da fragte der Mann: „Einen Neuanfang?
Wie kann einer noch einmal beginnen, wenn er alt ist?

Kann ihn denn seine Mutter
noch einmal empfangen und austragen
und zur Welt bringen?"   *Johannes 3, 1–4*
Und er saß ratlos, so ratlos wie wir,
wenn wir bedenken, was das heißt:
Neuanfang.

Aber das Gespräch ging weiter:
„Was aus dir selbst kommt,
ist und bleibt menschlich.
Es mag erfreulich sein oder nicht.
Es kann nichtig sein oder bedeutungsvoll.
Aus deiner Seele kommt immer nur,
was eben in ihr ist,
und das wird immer zweideutig sein.

Es muß etwas in dich hineinfallen.
Du kannst es den ‚Geist Gottes' nennen,
wenn du dir darunter etwas vorstellen kannst.
Dann entsteht etwas, was du nicht kennst,
etwas Fremdes, das du respektieren mußt
in seiner Fremdheit.

Der Wind weht, wo er will,
und du hörst sein Sausen,
aber du weißt nicht,
woher er kommt und wohin er geht.
So ist es, wenn das Fremde in dir wächst.
Du wirst mehr als nur ein guter Mensch sein.
Du wirst mehr sein als nur du selbst.
Du wirst mehr, als du aus dir selbst je werden könntest:
Ein Ort, an dem Gott ist,
an dem Gottes Reich wächst."   *Johannes 3, 5–8*

23. Nicht Leistung, sondern Gnade

Wenn das gilt,
müssen wir da nicht einen langen Weg gehen
über viele Stufen der Weisheit,
über viele Methoden der Einkehr
und viele Übungen, lange,
lebenslängliche Übungen
wie die Übungen buddhistischer Mönche?
„Nein", sagt Jesus,
„das Entscheidende tust du nicht,
du empfängst es."

Und er erzählte wieder eine Geschichte:
„Ein Gutsherr ging in der Morgenfrühe,
Tagelöhner für seinen Weinberg zu suchen.
Auf dem Marktplatz fand er etliche
und wurde mit ihnen einig über ihren Lohn.
Der war im üblichen Rahmen: ein Denar.
Als er gegen neun Uhr wiederkam,
sah er andere herumstehen
und schickte auch sie in den Weinberg.
Um die Mittagszeit und am Nachmittag
ging er noch einmal hin und tat dasselbe.
Um fünf aber, als es schon Abend wurde,
fand er wieder einige und fragte sie:
,Was steht ihr den ganzen Tag herum?'
,Niemand', sagten sie ,hat uns Arbeit gegeben.'
Da wies er sie an: ,Auf! In den Weinberg!'

Am Abend wandte sich der Gutsherr
an seinen Verwalter:
,Rufe die Arbeiter zusammen
und gib ihnen ihren Lohn.
Fang bei den letzten an
und geh durch bis zu den ersten.'

Wenn es nun gerecht zugeht
im Weinberg dieses Gutsherrn,
muß der Lohn unterschiedlich ausfallen,
sollte man meinen.

Da kamen also zuerst die,
die zuletzt gekommen waren,
und erhielten jeder einen Denar.
Als aber die ersten kamen,
meinten sie, sie würden mehr erhalten.
Sie bekamen aber, wie alle, einen Denar.
Da wehrten sie sich und protestierten:
‚Die hier, die zuletzt kamen,
haben nur eine Stunde gearbeitet,
und du behandelst sie wie uns,
die den ganzen Tag gearbeitet
und die Hitze getragen haben!‘
Er aber gab zur Antwort: ‚Mein Freund,
ich tue dir nicht unrecht.
Bist du nicht mit mir einig geworden
über einen Denar?
Nimm ihn und geh!
Ich will aber dem, der zuletzt kam,
dasselbe geben wie dir.
Darf ich mit meinem Geld nicht tun, was ich will?
Schaust du so böse, weil ich gütig bin?‘ *Mattäus 20, 1–5*

So ist es bei Gott.
Wenn du ihn findest,
hast du viel beigetragen oder wenig,
entscheidend ist immer,
was Gott in dir gewirkt hat.“

‘

III
Geh zu den Menschen

24. Der zweite Weg

Die Leute hatten Jesus gefragt:
„Wie finden wir Gott und seine Nähe?"
Und Jesus hatte ihnen Geschichten erzählt
vom Samenkorn, vom Wachstum,
von Reife und Frucht.
„Alles geschieht in euch selbst",
hatte er gesagt. „Auch Gott und sein Reich."

Aber danach sagte er ihnen auch etwas zweites:
„Wo ihr Gott findet?
Sucht ihn zwischen euch und den Menschen,
mit denen ihr lebt!
Er ist überall mit am Werk,
wo in dieser Welt in aller Stille
etwas Gerechtes getan wird,
wo irgend jemand ihr ein menschliches Gesicht gibt.

Geh also einen zweiten Weg.
Er ist so wichtig wie der erste.
Er führt dich von dir selbst weg
nach rechts und links, überall hin
zu den Menschen, zu allen Problemen,
an denen deine Zeit leidet,
und fordert deine Kraft und deinen Willen.
Das Reich Gottes entsteht überall,
und dein Beitrag ist wichtig."

Der Schlag eines Schmetterlings,
sagen die Meteorologen,
kann einen Taifun auslösen.

Eines Tages kam ein Gelehrter zu Jesus
und fragte: „Welches unter den Geboten Gottes
gilt dir als das Wichtigste?"

Da antwortete Jesus: „Liebe Gott
mit ganzem Herzen, ganzer Seele,
ganzem Gemüt und mit allen Kräften.
Und liebe den Menschen neben dir
wie dich selbst."

Der Mann bestätigte:
„Meister, das ist wahr!"
Als Jesus sah, daß er verständig antwortete,
sagte er zu ihm: „Du bist schon nahe bei Gott."

Markus 12, 28–34

Damit sagt Jesus:
„Überall, wohin deine Verantwortung reicht,
kann Gottes Reich entstehen.
Du lebst in einem Land des Streits,
in einer Zeit von Krieg und Gewalt.
Stifte ein wenig Frieden,
so wird Gott dir näher sein
als du dir selbst bist.

Du lebst in einer Zeit des Unrechts.
Schaffe an irgendeinem Rand ein wenig Gerechtigkeit,
so bist du mitten im Reich Gottes.

Du lebst unter Menschen,
unter Armen und Verängstigten und Leidenden,
Fremden und Asylanten.
Stifte ein wenig Freundschaft,
und Gott ist dir nahe.
Du lebst in einer Zeit,
in der die Menschen die Erde zerstören
in ihrer Habgier und Ahnungslosigkeit.
Geh du sorgfältig mit der Schöpfung um,
und sie wird dir zur Welt Gottes."

25. Der Auftrag

Wozu er sich berufen wisse, das schilderte Jesus,
als er, am Beginn seiner Wirksamkeit,
einmal am Sabbat im Gemeindehaus auftrat.
In Nazaret. Man kannte ihn.
Er war einer der Handwerker seines Dorfs.
Jeder, der etwas sagen wollte,
konnte das Wort nehmen.
Jesus also nahm eine Schriftrolle
und las im Propheten Jesaja
Worte, in denen zum erstenmal
formuliert ist, was ein Evangelium sei:

„Der Geist Gottes treibt mich.
Er hat mich beauftragt,
Freude zu bringen den Leidenden.
Er hat mich gesandt,
wunde Herzen zu verbinden,
den Gefangenen die Freiheit anzukündigen
und den Gefesselten die Erlösung.
Die Trauernden soll ich trösten,
die in Trauerkleidern gehen,
in Festgewänder hüllen.
Den Schwermütigen, die stumm sind in ihrem Leid,
soll ich ein Lied singen, Lobgesang und Dank.
Denn Gott hat mich festlich gekleidet.
Er hat gesagt: ‚Es ist alles gut
zwischen dir und mir.‘
Wie einen Bräutigam
schmückte er mich mit einer Krone,
wie eine Braut mit dem Brautschmuck.
Wie die Erde Getreide hervorbringt
und der Garten Früchte,
so wächst nun sein Heil.“

Jesaja 61, 1–3.10–11

Er rollte die Schrift wieder zusammen,
gab sie dem Diener zurück
und setzte sich, und aller Augen
waren auf ihn gerichtet.
Und er begann zu reden:

„Das ist heute! Das geschieht hier!
Nicht irgendwann, sondern jetzt.
Heute hat sich erfüllt, was da steht,
Stück um Stück. In mir!"

Und die Leute staunten.
Das war mehr als der übliche Anspruch
eines Lehrers der heiligen Schriften.
Dieser Mann sprach mit Vollmacht.
Aber sie sträubten sich, es anzunehmen,
denn sie kannten ihn von klein auf:
„Der kommt doch aus unsrem Dorf!"   *Lukas 4, 16–23*

Eine Botschaft wie die des Jesaja
nennen wir ein Evangelium.
Ein schönes, hilfreiches, tröstliches Wort.
Wenn es entlastet, wenn es heilt,
wenn es einen Menschen frei macht,
wenn es einem Verängstigten Mut gibt,
wenn es ihm die Augen öffnet,
dann ist es ein „Evangelium".
Es ist das charakteristische Zeichen für Jesus
und für alles, was er tat.

26. Aufatmen

Ich stelle mir vor,
wie Jesus irgendwo an einem Brunnen
oder unter einem Baum steht,
Menschen um ihn her,
übermüdet von Arbeit und Sorge,
angestrengt und überlastet,
und wie er sich ihnen zuwendet
und anfängt zu reden:

„Kommt! Ihr seid ja so müde.
Ihr könnt ja nicht mehr!
Setzt euch einen Augenblick.
Ich möchte, daß ihr aufatmet,
daß ihr Ruhe findet. Frieden.
Denn das will Gott.
Er will, das ihr frei werdet von eurer Last.
Und er will, daß euer Glaube
nicht die Last noch vermehrt,
die ihr zu tragen habt."   *Mattäus 11, 27–30*

Entlastung, das ist das erste Wort,
das wir von Jesus hören.
Aber Entlastung konnte auch anders aussehen:

Einmal war Jesus zum Essen eingeladen
bei einem angesehenen Mann, einem Pharisäer.
Er kam und legte sich zu Tisch.
Denn man lag beim Essen auf Polstern,
die auf der Erde lagen.

In jenem Ort lebte eine Prostituierte,
eine Frau also, wie man sie zu allen Zeiten
zu benutzen pflegte,
dann davonjagte und verfluchte.

Als sie sah, daß er im Haus des Pharisäers speiste,
holte sie ein Glas mit Salbe,
trat von hinten her, weinend,
zu den Füßen des Meisters, netzte sie mit ihren Tränen,
trocknete sie mit ihren Haaren, küßte und salbte sie.

Da wandte sich Jesus nach ihr um:
„Was du bisher getan hast und tust,
soll dich nicht mehr von Gott trennen.
Dein Vertrauen hat dich frei gemacht.
Geh! Du wirst Frieden finden."

Aber das ist nur die halbe Geschichte.
Als der Gastgeber sah, was die Frau tat,
machte er sich seine Gedanken:
„Nicht nur, daß es unmöglich ist,
daß sie als Frau hier eindringt.
Sie ist dazu noch eine Dirne.
Wäre dieser Jesus ein Prophet,
so wüßte er, was für eine Frau das ist."

Jesus sah ihm seine Gedanken an:
„Simon, ich möchte dir etwas sagen."
Er ging darauf ein: „Meister, rede!"
Und Jesus erzählte:
„Ein Geldverleiher hatte zwei Schuldner.
Der eine war ihm tausend Mark schuldig,
der andere hundert. Als sie nicht zahlen konnten,
schenkte er beiden ihre Schuld.
Was meist du? Welcher von beiden
wird ihm dankbarer sein?"
Simon meinte: „Ich vermute der,
dem er mehr geschenkt hat."
„Du hast richtig geurteilt",
antwortete Jesus. „Denke darüber nach." *Lukas 7, 36–43*

27. Entlasten

Aber unsere Geschichte ist noch nicht zu Ende.
„Siehst du diese Frau?" fragte Jesus
den Gastgeber, den Pharisäer Simon.
„Ich kam in dein Haus
und du hattest kein Wasser für mich,
daß ich hätte meine Füße waschen können.
Sie aber hat sie mit ihren Tränen genetzt
und mit ihren Haaren getrocknet.
Du hattest keinen Kuß für mich,
sie aber küßt, seit ich hier bin,
unablässig meine Füße.
Du hattest kein Öl für mein Haupt,
mit dem man sonst einen Gast ehrt.
Sie aber hat mit ihrer kostbaren Salbe
meine Füße eingerieben.

Daran kannst du eines erkennen:
Wer so viel Liebe geben kann,
dem muß viel Last abgenommen worden sein,
viel Verfehlen und Verschulden.
Wem wenig vergeben worden ist,
der wird wenig Liebe haben.
Fragst du nach meiner Vollmacht,
mit der ich Frieden stifte
zwischen Gott und den Menschen?
Ihre Liebe ist ein Zeichen von Gott.
Ich zeige nur, was Gott schon getan hat.
Sie ist im Frieden!"   *Lukas 7, 44–47*

Das ist das erste, was wir von Jesus hören:
Er nahm den Menschen auf immer wieder andere Weise
irgendeine Last ab, unter der sie stöhnten.
Das tat er aber, um damit zu zeigen, was Gott tut.

Wie er, das war der Sinn seines Tuns, so handelt Gott.
Wie er damals, so handelt Gott heute.
Vertrau darauf. Gott will den fröhlichen,
den aufrechten, den entlasteten Menschen.
Er will auch uns so. Laß also geschehen,
was Gott an dir tun will.

Und dann mach die Augen auf.
Rings um dich her siehst du Menschen,
die irgendeine Last tragen.
Geh hin zu ihnen und nimm sie ihnen ab,
soweit deine eigenen Kräfte dafür ausreichen.
Und mache sie damit auch fähig,
selbst hinzugehen und andern ihre Last abzunehmen.

Hilf auf diese Weise, daß auf dieser Erde
das neue geschwisterliche Gottesvolk entsteht,
die Gemeinschaft der Menschen, die sieht,
was Jesus tut, und es ihm nachzutun versucht.

Wo Schuld ist, stockt das Leben,
wo verdammt wird, fließt nichts mehr.
Liebe und Vertrauen haben keinen Raum.
Das Leben wird zur Hölle.
Willst du mitten in dieser Hölle Gott finden,
so nimm vom andern, was er verschuldet hat.
Du tust, was Gott tut, du findest Gott,
der der Urheber des Lebens ist,
seine Kraft und seine beglückende Nähe.

Die Frau aber ging fröhlich zurück
durchs Dorf. Fast ein wenig selbstbewußt.
Von einer Zentnerlast befreit,
und packte ihr Leben neu.

28. Heilen

Wenn Jesus die Menschen seiner Zeit sah,
taten sie ihm leid.
„Abgehetzt waren sie und heruntergekommen,
verwahrlost wie Schafe,
die keinen Hirten haben."   *Mattäus 9, 36*

Und so zog er Tag um Tag in Galiläa umher
und in den Grenzgebieten
und sprach davon, es habe Sinn,
der Liebe Gottes zu vertrauen
und seiner heilenden Barmherzigkeit.
Und zum Zeichen, daß das wahr sei,
heilte er die Kranken, die ihm über den Weg kamen.
Das ging durch die Dörfer wie ein Lauffeuer;
sie brachten ihre Kranken,
ihre Gelähmten oder Behinderten,
auch die mit seelischem Leiden, und er heilte sie.
Eine unübersehbare Menschenmenge
folgte ihm auf seinem Weg,
und sie strömten ihm aus dem ganzen Lande zu.
                                Mattäus 4, 23–25

So begegnete Jesus einmal
einem Leprakranken.
Der warf sich vor ihm auf die Knie
und flehte ihn an: „Wenn du willst,
kannst du mich heilen!"
Und Jesus rührte ihn an und sagte:
„Ich will es tun. Sei gesund!"
Da schwanden die Zeichen der Krankheit,
und er wurde gesund.   *Markus 1, 40–42*

Daß Jesus Kranke geheilt hat,
ist etwas vom Sichersten, das wir über ihn wissen.

Es mag sein, daß der eine oder andere
unter den Berichterstattern
in seiner Begeisterung ein wenig übertrieben hat.
Aber daß Jesus als Arzt durchs Land zog,
war für die Zeitgenossen so wichtig,
daß sie ihm den Namen „Heiler" beilegten,
was wir heute mit „Heiland" übersetzen.

Heilung war bei ihm immer etwas,
das mit Erbarmen und Güte zu tun hat.
Denn auch die Gesunden sind ja oft
auf eine ganz andere Weise krank.
Und wer sich gesund dünkt,
der hat, was ihn krank macht,
oft nur verdrängt.

Aber diese Heilungen zielten auf mehr
als nur auf leibliche Gesundheit.
Sie waren „Zeichen" für das,
was Gott will und tut.
Zeichen sind Hinweise.
Wenn Jesus Menschen gesund machte,
dann stellte er die Frage
an die Umstehenden:
„Wo wollt ihr denn Gott finden?
Gott ist zu sehen in den Gesichtern
von leidenden Menschen.
Er ist zu spüren in der Barmherzigkeit derer,
denen das schwere Leiden erspart ist."

Das Evangelium ist seinem ganzen Wesen nach Heilung.
Was nicht heilt, was nicht gesund macht
an Leib oder Seele oder Geist,
kann kein Evangelium sein.

29. Aufrichten

Einmal sah Jesus eine Frau,
die gekrümmt ging
und nicht aufblicken konnte.
Er rief sie zu sich und sprach zu ihr:
„Sei frei von deinem Leiden!"
Er legte ihr die Hände auf,
und sie fing an, sich aufzurichten
und das Gesicht zu heben.
Mühsam zuerst, dann immer freier.
Sie freute sich und dankte Gott.   *Lukas 13, 10–13*

Sie hörte Jesus sagen:
„Du darfst da sein.
Ich sehe dich. Ich liebe dich.
Ich rufe dich bei deinem Namen.
Nimm fröhlich an, was ich dir gebe.
Dehne dich, wachse und gedeihe
und fürchte nichts."

Als wieder einmal eine Menge Menschen
sich um Jesus drängte,
wandte sich ein Mann an ihn:
„Meister, ich habe meinen Sohn hergebracht,
der ist von einem bösen Geist besessen.
Der reißt ihn zu Boden,
dann hat er Schaum vor dem Mund,
knirscht mit den Zähnen
und wird starr und steif."
Und als der Junge zu Jesus kam,
erlitt er sofort einen seiner Anfälle,
er fiel auf die Erde und wälzte sich.
Und der Vater fuhr fort:
„Wenn du etwas kannst,
so erbarme dich über uns und hilf uns!"

Jesus antwortete: „Du sagst:
‚wenn du etwas kannst.'
Wer glaubt, kann alles."
Da rief der Vater des Jungen:
„Ich glaube, hilf meinem Unglauben!"
Und da der Junge wie tot dalag,
ergriff ihn Jesus bei der Hand,
richtete ihn auf, und er erhob sich.   *Markus 9, 14–29*

Wenn mit Glauben etwas gemeint ist
wie das Vertrauen des Mannes,
der seinen kranken Sohn brachte,
dann besteht er in der brennenden Hoffnung,
es möge in dieser Welt eine geistige Kraft geben,
die allem überlegen ist,
was krank macht, auch dem Tod.
Dann besteht er in der Hoffnung,
es möge mich einer fassen,
wenn ich die Hand ausstrecke.
Dann ist Glaube ein Sprung
über den eigenen Unglauben,
und das Vertrauen, daß mich einer auffängt,
wenn ich springe.
„Glaube," sagt Jesus, „versetzt Berge."

Jesus hat Menschen geheilt,
damit sie gesund würden an Leib und Seele.
Aber vor allem und noch mehr,
damit sie etwas verstehen lernten
von dem Gott,
der ihnen barmherzig zugewandt ist.

30. Die Augen öffnen

Einmal zitierte Jesus
den Propheten Jesaja,
um zu zeigen,
was der Sinn seiner Arbeit sei:

„In dem Land am See
und dem Land drüben über dem Jordan,
im verlassenen und verachteten Galiläa,
wohnen die Menschen in Finsternis.
Aber sie sehen ein großes Licht.
Ihnen, die an einem dunklen Ort wohnen
und im Schatten des Todes,
geht ein Licht auf."

Jesaja 8, 23—9,1
Matthäus 4, 15—16

Irgendwo in dem dunklen Land
liefen ihm zwei Blinde nach,
die schrien:
„Ach, du Sohn Davids, hilf uns!"
Jesus fragte sie: „Glaubt ihr wirklich,
daß ich euch helfen kann?"
Sie antworteten: „Herr, ja!"
Da rührte er ihre Augen an:
„Was ihr glaubt, soll geschehen!"
Und ihre Augen gingen auf.

Matthäus 9, 27—30

Was sie hörten, war für sie das Evangelium.
Es war für sie jenes Öffnen der Augen,
das mit dem Evangelium einhergeht.

Was sehe ich denn in der Welt?
Realitäten sehe ich, oder was ich dafür halte.
Ich sehe Streit. Ich sehe Leiden.
Ich sehe eine unendliche Mühe,

mit der sich das Leben auf dieser Erde durchhält.
Aber ich sehe nichts von Gott.

Wenn Jesus vor den Menschen stand,
die Hand hob und ihre Augen berührte,
ging ihnen ein Licht auf.
Sie begannen zu sehen. Sie sahen mehr.
Sie sahen: Hier ist ein Mensch,
in dem Gott mir nahekommt.
Und Gott ist mir freundlich.
Ich kann ihm vertrauen.
Und ihr Glaube begann, die Flügel zu regen.
Ein Wahrnehmen erwachte.
Ein Schauen.
Es ist gut, wenn Christen
auch über das Schauen nachdenken,
das ihnen verliehen ist,
und nicht nur über den Glauben.

Was ist denn das erste?
Daß einer zum Vertrauen findet
oder daß er die Augen öffnet?
Für Jesus hing eins am andern.
„Was ihr glaubt, soll geschehen."
Und ihre Augen gingen auf.

Wenn aber die Augen aufgegangen sind,
kommt alles darauf an,
was einer sieht.
Ob er Gott begegnet in dem,
was er wahrnimmt.

31. Zufassen

Einer von den Gelehrten aus einer Synagoge
fragte Jesus:
„Was muß ich tun,
um das ewige Leben zu gewinnen?"
Jesus fragte dagegen:
„Was liest du denn im Gesetz?"
Er antwortete, wie er es gelernt hatte:
„Du sollst Gott lieben mit allen Kräften
und deinen Nächsten wie dich selbst."
Und Jesus stimmte zu: „Das ist richtig.
Tu das, so wirst du leben."

Der Mann aber wollte zeigen, daß seine Frage
nicht ganz so einfältig war, wie es schien,
und fragte weiter: „Wer ist denn mein Nächster?"
Da erzählte Jesus eine Geschichte:

„Ein Mann ging von Jerusalem
hinab nach Jericho,
auf der Straße, die durch die judäische Wüste führt.
Unterwegs wurde er von Räubern überfallen.
Die schlugen ihn zusammen, raubten ihn aus,
verschwanden wieder in ihren Höhlen
und ließen ihn halbtot liegen.

Auf derselben Straße am Wadi Kilt
kam danach ein Priester vorbei.
Als der ihn sah,
ging er auf die andere Seite der Straße,
denn als Priester mußte er rein bleiben.
Er durfte sich nicht mit Blut beflecken
oder gar einen Toten berühren.
Und er ging vorüber.

Nach ihm kam ein Tempeldiener,
der war auf dem Weg zum Gottesdienst.
Er mußte rein bleiben für Gott,
er durfte keinen Toten berühren.
Das, so meinte er, fordert Gott,
den er im Tempel fand.
Als er den Schwerverletzten sah, ging er vorüber.

Was meinst du, was danach geschah?
Da kam ein Landfremder,
einer von den Ungläubigen, die wir verachten.
Einer aus Samaria.
Als er den Zusammengeschlagenen sah, ging er hin,
linderte seine Wundschmerzen mit Öl
und goß Wein auf sie, um sie zu reinigen.
Er hob ihn auf seinen Esel
und brachte ihn nach Jericho in eine Herberge.

Am folgenden Tag
gab er dem Wirt zwei Silberstücke
und sagte ,Pflege ihn!
Und wenn er dich mehr kostet,
will ich dir deine Auslagen ersetzen,
wenn ich wiederkomme.'

Du fragst, wer dein Nächster sei?
Frage umgekehrt: ,Für wen bin ich der Nächste?'
Du fragst, wie du ewiges Leben findest?
Du findest es an der einsamen Straße
zwischen den Dünen der Wüste.
Dort, wo die Höhlenlöcher der Räuber sind,
findest du Gott und sein Reich.
Denn dort gilt es zuzufassen.
Und die Augen werden dir dabei aufgehen!"

Lukas 10, 25–37

32. Verzeihen

Natürlich kann man finden,
was Jesus fordert, sei zu schwer.
Aber manchmal begegnen wir auch einer Anweisung,
die zeigt, wie wir allmählich einüben können,
was er uns vorzeichnet.

Wie ist denn das mit dem „Last abnehmen"
zum Beispiel, dem Verzeihen?
Petrus, einer von denen,
die mit Jesus über Land zogen,
hatte einen Streit mit einem der anderen.

„Jesus!" wandte er sich an den Meister,
„wie oft darf der mich beleidigen,
mich herabsetzen, mich beschimpfen?
Wie oft muß ich ihm, wie du sagst,
seine Reden verzeihen?
Ist siebenmal genug?"

Jesus lächelte:
„Wenn du schon zählen willst,
dann zähle bis siebenmal siebzig.
Wer verzeiht, zählt nicht."
Und dann erzählte er wieder eine Geschichte:

„Ein König prüfte die Finanzverwaltung an seinem Hof.
Da stellte er fest: Millionen
schuldete ihm einer seit Jahren.
Er ließ den Mann kommen und stellte fest:
Der konnte unmöglich zahlen.
Da ließ er ihn laufen und strich die Schuld.

Als der Mann den Saal verließ,
begegnete er einem Kollegen,

der ihm hundert Mark schuldete,
und packte ihn am Hals: ‚Zahle!
Zahle, was du mir schuldig bist!'
Der bat ihn: ‚Ich will ja,
habe nur noch ein wenig Geduld.'
Aber er wollte nicht
und schickte den Gerichtsvollzieher.

Das erfuhr der König und holte ihn zurück:
‚So viel habe ich dir erlassen!
Hättest du die kleine Summe dem anderen
nicht auch erlassen können?
Abführen! Ins Gefängnis mit ihm!
Bis er den letzten Pfennig bezahlt hat!'"

Mattäus 18, 21–35

Fühlst du dich überlastet, Petrus?
Prüfe, wo der Grund liegt.
Vielleicht trägst du deinem Kollegen zu viel nach?
Vergebung ist Entlastung für beide.
Wo sie geschieht, wird das Leben leichter.
Und es zeigt sich mehr Wahrheit.

Wer Vorwürfe erhebt, bedenke:
Er kann irren.
Wer verzeiht, irrt nie.

Darum verzeihe, was man dir antut.
Gott verzeiht dir, und zwar viel,
von dem du gar nichts weißt,
und du begegnest ihm,
indem du sein Tun aufnimmst.

33. Befreien

Auch Frauen gehörten zum Kreis um Jesus,
zu dem geschwisterlichen Gottesvolk.
Das war neu.
Jesus stellte Frauen und Männer auf eine Stufe,
und das war unerhört.

Nun gab es Juden,
die an eine Auferstehung der Toten glaubten,
und andere, denen der Gedanke fremd war.
So traten einmal Sadduzäer ihm entgegen,
die Leute von der priesterlichen Oberschicht,
in der man überzeugt war, es gebe keine Auferstehung,
und stellten ihm eine Frage,
mit der sie zeigen wollten,
wie unsinnig eine solche Vorstellung sei:

„Meister, im Gesetz des Mose steht,
wenn einer stirbt und keine Kinder hat,
soll sein Bruder seine Witwe heiraten.
Nun waren einmal sieben Brüder.
Der erste heiratete und starb.
Da heiratete der zweite seine Frau.
Aber der starb auch, und so ging es bis zum siebten.
Der heiratete die Frau als letzter.
Zuletzt starb auch der,
und schließlich starb auch die Frau.
Im Himmel,
wo sie alle ihre Männer wiedertrifft,
wem gehört sie da?
Sie alle haben sie ja gehabt."   *Matthäus 22, 23–30*

„Keinem", antwortete Jesus.
„Weder wird sie einem gehören.
Noch wird einer sie haben.

Frei wird sie sein, auch von den Männern.
Ein Mensch vor Gott. Ein Mensch in Gott.
Niemand wird ihr Unterwerfung gebieten,
weder im Haus, noch im Bett,
noch auf dem Markt.
Frei wird sie sein wie ein Engel Gottes.

Und was die Auferstehung betrifft:
Habt ihr nie gelesen, daß Gott sagt:
‚Ich bin der Gott Abrahams,
der Gott Isaaks und der Gott Jakobs?‘
Wenn er der Gott Isaaks ist,
dann kann Isaak nicht tot sein.
Dann ist Gott nicht ein Gott der Toten,
sondern ein Gott lebendiger Menschen.
Auch vom Tode werden die Menschen frei sein,
frei in Gott."   *Mattäus 22, 31–32*

Das Reich Gottes ist ein Reich der Freiheit.
Den Weg ins Reich Gottes findet darum ein Mensch,
der frei ist in seinem Geist und in seinem Herzen.
Ein Mensch, der Freiheit verbreitet,
Freiheit anderer respektiert,
der um die Freiheit anderer kämpft,
nicht nur um seine eigene,
und am Ende seine eigene Freiheit opfert
für das Leben anderer.

Das Evangelium ist die Botschaft
von der Freiheit.
Und was nicht auf irgendeine Weise
Freiheit schafft, kann nicht das Evangelium sein.

34. Die Freiheit schützen

Immer wieder ist in den Geschichten von Jesus
auch von „Pharisäern" die Rede.
Sie waren eine religiöse Gemeinschaft,
die ihre Anhänger in allen Dörfern und Städten hatte.
Wir nennen einen „Heuchler" einen „Pharisäer",
aber das wird ihnen nicht gerecht.
Zunächst einmal waren sie
tüchtige und ernsthafte Menschen.
Sie mühten sich, streng nach dem Gesetz zu leben
und sich von allem fern zu halten,
was sie darin stören könnte,
auch von allen Menschen,
die es nicht so genau nahmen.
Wir vermuten heute, daß Jesus selbst
aus pharisäischen Kreisen kam.

Jesus aber unterschied sich von ihnen
durch die Prioritäten, die er setzte.
„Gott sucht nicht zuerst eure Gesetzestreue,
sondern eure Barmherzigkeit", sagte er ihnen.

Im Grunde war der Zusammenstoß mit ihnen
von Anfang an programmiert.
Sie verlangten von ihm,
er solle seine neue Lehre
mit der alten begründen,
aber das war für ihn unmöglich:

„Ihr redet von den alten Ordnungen.
Aber niemand nimmt ein altes,
zerrissenes Gewand und flickt es
mit einem neuen und starken Tuch.
Der Flicken reißt vom alten Kleid,
und der Riß wird schlimmer.

Man füllt auch nicht neuen, gärenden Wein
in alte, brüchige Fässer.
Sonst platzen die Fässer, der Wein läuft aus,
und das Faß ist zerstört.
Neuen Wein faßt man in haltbare Fässer,
so bleiben sie beide miteinander erhalten."

Mattäus 9, 14–17

Ist es nicht bis heute so?
Wir kommen von viel zu viel her,
das vergangen ist, und gehen auf viel zu wenig zu.
Wir leben von der Gewohnheit
und verfehlen die Zukunft.

Einmal kamen Anhänger des Johannes,
des Propheten, der am Jordan unten taufte,
zu Jesus, und fragten: „Wie kommt das?
Wir halten uns streng an die Ordnung
der Buß- und Fastenzeiten,
deine Schüler tun es nicht. Wie verstehen wir das?"

Jesus antwortete: „Stellt euch eine Hochzeit vor.
Können die Gäste traurig sein,
solange der Bräutigam unter ihnen ist?
In mir kommt Gott zu den Menschen,
das ist ein Fest, da hat Fasten keinen Sinn."

Lukas 4, 33–35

Gandhi starb durch die Kugel eines Hindu,
der erlebte, wie Gandhi die kultischen Vorschriften,
die dem Kastenwesen in Indien seine Härte
und seine trennende Kraft geben, außer Kraft setzte.
Und Jesus starb vermutlich deshalb,
weil für ihn die Befreiung der Menschen wichtiger war
als die Einhaltung irgendeines Gesetzes.

35. Recht schaffen

An einem frühen Morgen
kam Jesus einmal in den Tempel,
wo die Schriftausleger und die Rechtsgelehrten
diskutierten und unterrichteten.
Die Leute drängten sich um ihn,
und er saß dort und lehrte sie.

Da brachten die Rechtsgelehrten eine Frau,
die in flagranti beim Ehebruch ergriffen worden war,
stellten sie zwischen sich und Jesus
in die Mitte und fragten ihn:

„Meister, diese Frau wurde auf frischer Tat
im Ehebruch ergriffen.
Mose schreibt im Gesetz vor, sie sei zu steinigen.
Wie urteilst du?"

Das fragten sie ihn aber nur,
weil sie ihm eine Falle stellen wollten
und um ihn wegen seines
— wie sie vermuteten —
zu milden Urteils anzuklagen.

Als Jesus die Frage hörte,
bückte er sich nieder
und schrieb mit dem Finger auf die Erde.
Als sie ihn aber weiter fragten
und nicht abließen,
richtete er sich auf und antwortete:
„Wer unter euch sich als Ehemann
keine Schuld vorzuwerfen hat,
der werfe den ersten Stein."
Dann bückte er sich wieder
und schrieb weiter auf die Erde.

Die Männer aber, als sie das hörten,
gingen hinaus, einer nach dem anderen,
bei den ältesten angefangen,
und Jesus blieb allein mit der Frau.

Da richtete er sich auf und fragte sie:
„Frau, wo sind deine Verkläger?
Hat dich niemand verurteilt?"
Sie antwortete: „Niemand, Herr."
„Ich verurteile die auch nicht", schloß Jesus.
„Geh, und tu es nicht noch einmal!"

Ehebruch war zu damaligen Zeiten
ein Delikt nur für Frauen.
Ehebruch von Männern war nicht strafbar.
Auch die Scheidung einer Ehe ging allein
auf Kosten der Frauen.
Darum schafft Jesus den Frauen Recht,
indem er die Scheidung verwirft.

Einmal fragten die Pharisäer:
„Darf man sich von seiner Frau scheiden lassen,
wenn man irgendeinen Grund hat?"
Jesus antwortete:
„Gott wollte den Menschen als Mann und Frau.
Sie werden, sagt Gott, ein Leib sein.
Zwei Menschen und doch einer.
Was Gott als Einheit gemeint hat,
soll der Mensch nicht trennen.   *Mattäus 19, 3—6*
Schon, daß ihr unterscheidet
zwischen dem Recht, das ein Mann hat,
und dem Recht einer Frau,
oder daß ihr zweierlei Moral habt,
ist der Anfang der Trennung
und gegen Gottes Willen."

36. Nicht urteilen

In der Bergpredigt sagt Jesus:
„Urteilt nicht über andere Menschen,
sonst wird man auch über euch urteilen.
Wie ihr über andere zu Gericht sitzt,
wird man über euch zu Gericht sitzen.
Die Maßstäbe, die ihr an andere anlegt,
wird Gott an euch anlegen.
Ihr werft euren Nachbarn Unrecht vor
und seht nicht, daß dasselbe Unrecht
in euch dieselbe Macht hat.
Ihr nehmt das Gesetz in Anspruch,
wenn es gegen den anderen spricht,
und bemerkt nicht, daß ihr selbst
vom Gesetz gerichtet würdet,
wenn die Gesinnung beurteilt würde,
in der ihr das Gesetz anwendet.
Wenn klar würde, wie ichsüchtig,
wie ungerecht, wie einseitig ihr denkt."

Und Jesus führte ein absurdes Bild an,
das uns unsere Situation deutlich machen soll:
„Du siehst den Splitter im Auge deines Bruders
und willst ihn kurieren.
Und dabei übersiehst du,
daß in deinem eigenen Auge
ein Balken steckt, ein Pflock.
Wie kannst du dann zu deinem Bruder sagen:
‚Halte still! Ich will dir den Splitter
aus deinem Auge ziehen',
wo doch ein ganzer Pflock in deinem
eigenen Auge steckt?
Zieh zuerst den Pflock aus deinem Auge,
dann sieh zu, wie du den Splitter
aus dem Auge deines Bruders ziehst."   *Matthäus 7, 1–5*

Das Bild ist unsinnig,
aber sein Sinn ist deutlich.

Nehmt eure eigene Zeit,
ihr modernen Menschen.
Und nehmt ein Beispiel.
Ihr richtet über die jugendlichen Schläger,
die türkische Häuser anzünden.
Natürlich, ihr müßt sie bestrafen.
Der Rechtsstaat muß hart reagieren.
Aber fragt euch zwischendurch:
Wie groß ist der Anteil der Jugendlichen an ihrer Tat
und wie groß euer eigener?
Wer mit einer Politik des Raffens
junge Menschen ins Abseits drängt,
sollte sich nicht wundern.
Haben sie die Welt geschaffen,
in der sie nun leben müssen?
Oder ist es nicht eure Welt,
in der sie vor die Hunde gehen?

Sorgt für Gerechtigkeit – das könnte heißen:
Tut etwas für die, die nicht nach Gerechtigkeit suchen,
sondern nach Rache an der Welt,
in der sie leben müssen.
Auch in ihnen begegnet ihr Gott.

Denn kein Heiliger ist ohne Vergangenheit
und ohne Gefahr.
Und kein Verbrecher ist ohne Zukunft
und ohne eine Chance.
In der Gegenwart aber, heute,
gehören sie zusammen.

37. Eine Skandalgeschichte

Immer wieder hatte Jesus auch
mit den Essenern zu tun.
Das waren Mönche, die am Toten Meer lebten,
im Kloster Qumran,
und sie hatten Sympathisanten im ganzen Land.
Sie lebten ehelos. Sie rührten kein Geld an.
Sie waren an strenge Ordensregeln gebunden
und legten Wert darauf, stets ganz rein zu sein.
So nahmen sie täglich rituelle Bäder,
damit sie bereit seien für das kommende Gottesreich.

Über die Beziehungen zwischen Jesus und den Essenern
wird bis heute noch immer viel geschrieben.
Und es gibt keine Theorie, die so unsinnig wäre,
daß sie nicht zu einem Bestseller geeignet wäre.

Es gibt aber Stellen in der Jesusgeschichte,
in der seine Auseinandersetzung mit den Essenern
klar sichtbar ist.
Jesus soll ein Essener gewesen sein, sagt man.
Aber was sagt er denn selbst darüber?
Was hält er den Essenern entgegen?
Einmal erzählt er eine Geschichte,
die ein einziger Spott ist
über ein essenisches Gesetz.

„Ein Großgrundbesitzer hatte einen Verwalter.
Über den wurde ihm berichtet,
er veruntreue ihm sein Vermögen.
Da ließ er ihn kommen und sagte:
,Ich höre böse Dinge über dich!
Lege deine Kasse und deine Bücher
zur Prüfung vor, denn ich fürchte,
daß du deinen Posten nicht behalten kannst.'

Da überlegte der Verwalter hin und her:
Was soll ich tun?
Meine Stellung ist verloren.
Auf dem Acker arbeiten kann ich nicht.
Betteln mag ich nicht.
Ich weiß es: Ich habe noch das Recht,
Verträge abzuschließen.
Ich muß erreichen, daß ich später
Freunde habe, die für mich sorgen!
Und er holte die Verträge heraus,
die er mit seinen Pächtern abgeschlossen hatte,
und rief die Pächter einzeln zu sich.

Als der erste kam, fragte er ihn:
‚Wie hoch ist deine Pacht?‘
Der sagte: ‚Hundert Faß Öl.‘
Da antwortete der Verwalter:
‚Hier, nimm deinen Pachtvertrag!
Wir schließen einen neuen über fünfzig.‘
Danach kam der zweite.
‚Wie hoch ist deine Pacht?‘ fragte er ihn.
‚Hundert Sack Weizen‘, war die Antwort.
‚Gut. Nimm deinen Vertrag.
Wir schließen einen neuen über achtzig.‘

Davon erfuhr der Besitzer, und er lachte:
‚Das ist doch ein Schlitzohr!
Warum soll ich den entlassen?
Nie wieder finde ich einen Verwalter
von dieser Geschicklichkeit!‘"   *Lukas 16, 1–8*

Und Jesus lachte wie er. Warum wohl?

38. Mit Geld umgehen

Danach sagte Jesus über sein Gleichnis:
„Die Kinder der Welt sind eben klüger
als die Söhne des Lichts.
Und ich sage euch:
macht euch Freunde mit dem Geld,
dem schmutzigen, damit ihr,
wenn ihr gestorben seid, Freunde habt,
die für euch sprechen vor Gott."   *Lukas 16, 8–9*

Was will Jesus sagen?
Die „Söhne des Lichts" –
so nennen sich die Essener –
lehnen es ab, Geld zu berühren.
Sie meinen, es sei das Geld,
das die Menschen verunreinigt.
Aber ich will euch einen Menschen zeigen,
der mit Geld umgehen kann,
weil er sich nicht vor ihm fürchtet.
Er sorgt dafür, daß er später Freunde hat,
die ihn aufnehmen in ihre Häuser."

Ein „Kind der Welt", oder gar,
wie sie auch sagten,
ein „Sohn der Finsternis" –
das war Jesus selbst
in den Augen der Essener.
Aber in Wahrheit ist der „Sohn der Finsternis"
klüger als die Söhne des Lichts,
nämlich die Mönche von Qumran.

Denn es ist unerheblich,
daß Geld in unserer Hand liegt.
Wichtig ist, was wir damit tun.

Nicht, wieviel einer verdient,
sondern was er damit anfängt.
Schau dir die Menschen an in deiner Umgebung
und du weißt, wofür dein Geld gut ist.
„Schmutzig macht einen Menschen",
sagt Jesus einmal, „nicht das,
was von außen an ihn herankommt,
schmutzig macht ihn, was aus ihm selbst kommt,
von innen, aus seinem Herzen.
Auch in Sachen des Geldes."   *Markus 7, 14–15*

„Darum", so sagt er ein andermal:
„Seid klug wie die Schlangen
und ohne Falsch wie die Tauben."   *Lukas 10, 16*
Er sieht also die Schlange nicht,
wie das Alte Testament in mancher Geschichte,
als Symbol des Bösen,
als listige Verführerin,
sondern in dem viel älteren Sinn
als das Tier, das Weisheit vermittelt.

Die Taube steht für den Geist Gottes,
die Schlange für die Weisheit der Erde.
Die Klugheit der Schlange ist erdhaft,
konkret, praktisch.
Die Taube ist das Bild für die Reinheit
des Geistes Gottes und seine Freiheit.´

Dies beides soll uns gleichermaßen
auszeichnen, meint Jesus,
damit wir Gott finden,
uns selbst und den anderen Menschen.

39. Zusammengehören

Wie sah denn das aus,
was wir das geschwisterliche Gottesvolk nennen?
Eines Tages fuhr Jesus im Schiff
über das Galiläische Meer,
hinüber ans andere Ufer,
wo der Golan aufsteigt.
Dort strömten ihm unzählige Menschen zu,
Tausende, und er redete lange zu ihnen.

Als sie am Ende ihrer Kräfte waren,
sagte Jesus zu seinen Begleitern:
„Sie brauchen etwas zu essen!"
„Wir haben viel zu wenig", antworteten die.
„Wie sollen wir Tausende satt machen?"
Da bemerkte Andreas: „Es ist ein Junge hier,
der hat fünf Brotfladen und zwei Fische.
Aber was ist das für so viele?"

Jesus erwiderte: „Die Leute sollen sich lagern."
Es war aber an der Stelle ein schöner,
mit Gras bewachsener Platz.
Dort lagerten sie sich: fünftausend Männer,
dazu Frauen und Kinder.
Und Jesus nahm das Brot,
sprach das Dankgebet
und verteilte die Stücke an die große Tischgemeinschaft.
Mit den Fischen tat er dasselbe,
und sie wurden alle satt.

Johannes 6, 1–15
Markus 6, 34–42

Niemand hat bislang erklären können,
was da wirklich geschah.
„Brot aus Steinen" zu zaubern,
war nicht seine Art.

Brot durch Zauber zu vermehren, auch nicht.
Wie ich mir vorstelle, was geschehen ist?

Ich stelle mir vor, daß Jesus eine Rede hielt
über das Reich Gottes
und die Zusammengehörigkeit der Menschen.
Und da begriff einer:
Was ich in meiner Tasche als Wegzehrung habe,
das ist nicht nur für mich,
sondern auch für den bestimmt, der neben mir sitzt.
Und so kamen die Brote aus den Taschen
und wanderten durch die Reihen.
Und so entstand in der Gegenwart dieses Jesus,
der selbst die fünf Brote verteilte,
jene neue Gemeinschaft,
das brüderliche und schwesterliche Volk Gottes,
das man unter anderem am Teilen erkennt.

Da begriffen die Leute, daß das Reich Gottes
in der Liebe dieses einsamen Wanderers zu ihnen kam.
Das beglückte sie. Das machte sie
zu Geschwistern, die füreinander einstehen.
Sich wußten sich einbezogen.
Sie erlebten: Hier ist eine Gemeinschaft,
der wir zugehören können.
Und wenn dieser Jesus uns einbezieht,
dann ist das ein Zeichen dafür,
daß Gott dies in Zeit und Ewigkeit tun wird.
Dann sind wir geborgen, geschützt und bewahrt
und brauchen nicht mehr
für unsere Sicherheit zu sorgen
mit dem versteckten Brot in unseren Taschen.

Das Evangelium verbindet Menschen.
Was Menschen ausgrenzt,
kann nicht das Evangelium sein.

40. Einbeziehen

Auf seiner Reise nach Jerusalem
kam Jesus auch durch Jericho.
In der Stadt lebte ein Mann namens Zachäus.
Der war einer der Großen im Zollwesen,
der römischen Besatzungsmacht gefügig
und reich von Betrug und Erpressung.

Er wollte Jesus bei seiner Durchreise sehen,
aber es wollte ihm nicht gelingen.
Er stand in der Menge eingekeilt
und sah nichts, denn er war klein.
Da lief er Jesus und seinen Begleitern voraus,
stieg auf einen Maulbeerbaum
und setzte sich auf einen Ast.
Dort sahen ihn die Leute und spotteten:
„Seht den Gangster dort auf dem Baum!
Den Verbrecher! Wenn er doch herabfiele
und sich den Hals bräche!"

Als Jesus an der Stelle vorbeikam,
sah er ihn oben sitzen,
sah die heimliche Sehnsucht und rief:
„Zachäus! Schnell! Komm herunter!
Ich muß in deinem Haus Rast machen!"
Zachäus kam so schnell von seinem Baum,
daß es aussah, als fiele er.
Er nahm Jesus in sein Haus auf,
bewirtete ihn und alle seine Begleiter
und freute sich.

Das sahen die Leute: „Unerhört!
Ausgerechnet bei diesem Gauner kehrt er ein!"
Aber nach dem Essen wandte Zachäus sich an Jesus:

„Meister, die Hälfte meines Besitzes
will ich den Armen geben,
und wenn ich jemand betrogen habe,
so leiste ich ihm vierfachen Ersatz.
Das verspreche ich."

Da rief Jesus den Umstehenden zu:
„Heute ist ein Festtag für dieses Haus!
Wer will sich ärgern?
Gehört nicht auch dieser Mann zu uns?"   *Lukas 19, 1–10*

Damit sagt Jesus etwa so:
Willst du Menschen ändern,
so mußt du sie lieben.
Du kannst sie belehren, aufklären,
aktivieren, erziehen, anklagen,
verurteilen, ausgrenzen.
Ändern wirst du sie nur
als ein Liebender.
Ändern wirst du sie nur,
wenn du ihnen einen Ort gibst,
an dem sie empfinden,
sie könnten da zu Hause sein.
Und wenn er selbst einem Menschen,
auch einem Außenseiter wie Zachäus,
das Bewußtsein gibt, er gehöre dazu,
dann zeigt er damit: Das tut Gott.

Tu also auch du das an deinem Teil.
Tu dich zusammen mit deinem Nachbarn
und mit dem Fremden, dem Gehaßten.
So wirst du Gott finden
und deine eigene Heimat dazu.

41. Zu Tisch bitten

Eines Tages versammelten sich wieder einmal
die Außenseiter, die Verrufenen,
um Jesus, und er speiste mit ihnen.
Da stellten die Pharisäer fest:
„Dieser Jesus, der ein Gottgesandter sein will,
macht sich mit solchen Leuten gemein."
Da wandte sich Jesus an sie:

„Ich kann mir nicht denken,
daß einer unter euch anders verfährt
als jeder vernünftige Schafhirt.
Nehmt an, er habe hundert Schafe.
Eins davon läuft ihm weg.
Er läßt augenblicklich seine Herde allein,
macht sich auf die Suche nach dem einen
und geht ihm nach, bis er es findet.
Und wenn er es gefunden hat,
nimmt er es auf die Schulter und freut sich.

Ich sage euch: So freut sich Gott
über jeden einzelnen Gottlosen,
der zu ihm umkehrt,
mehr als über neunundneunzig Gerechte,
die meinen, eine Umkehr,
einen Neuanfang für ihre Gedanken
und ihre Lebensführung, nicht nötig zu haben.

Lukas 15, 1–7

Was tut denn eine Hausfrau?
Nehmt an, sie habe zehn Mark in der Hand.
Nun fällt ihr eine auf die Erde
und rollt davon. Sie nimmt ein Licht
und sucht das ganze Zimmer ab,
fegt unter dem Schrank und sucht und sucht,

bis sie ihre Mark wiedergefunden hat.
Und wenn sie sie gefunden hat, freut sie sich.

Ich sage euch: So freut sich Gott
über jeden einzelnen Gauner,
der zu ihm heimkehrt
und zugleich in jene Gemeinschaft findet
unter den Menschen, die ich Reich Gottes nenne."

Lukas 15, 8–10

Wenn Jesus aber mit ihnen speiste,
dann war ihm dieses Essen eine Art Hochzeitsmahl.
Er sah sich selbst als den Bräutigam,
der die Braut heimführt.
Der gemeinsame Tisch mit denen,
die man den „Abschaum" nannte
und mit den Redlichen, den „Normalen",
den Angesehenen zugleich
war für ihn das „Reich Gottes".
Und wenn es dabei laut zuging,
dann sah er in dem Lärm
die Ausrufung dieses Reiches.

Der Tisch war frei für jeden, der kommen wollte,
und es versammelte sich nicht
eine religiöse Elite mit dem sozialen Kehricht,
sondern das geschwisterliche Volk der Zukunft,
die Gemeinschaft der Entlasteten,
der Geheilten, der Befreiten.
Die Gemeinschaft derer,
denen die Augen geöffnet waren.
„Komm", sagt Jesus, „hier,
wo die Menschen sind, findest du Gott,
du findest dich selbst und zugleich
deine Heimat unter den Menschen."

42. Füreinander einstehen

Für Jesus war die Heilung einzelner Menschen
nicht das Ganze.
Ebenso dringend war ihm die Heilung
der Risse und Brüche in den Dorfgemeinschaften,
in den religiösen Gruppen und Parteien,
im gemeinsamen Leben überhaupt.
Vor seinen Augen bröckelte eine ganze Schicht
von Dirnen, Zuhältern, Opportunisten,
von Betrügern und Erpressern,
aber auch von machtgierigen Herren,
von Reichen und Regierenden
vom heiligen Volk ab.
Die Gesetzlosen stürzten ins Bodenlose,
und die Hüter des Gesetzes hoben sich ab
in eine scheinbar heile Ordnung.

Er aber suchte das geschwisterliche Volk.
Er stieg die lange Wendeltreppe ab
zu den Verrufenen, den Ausgegrenzten.
Er lud sie zum Essen ein, sie luden ihn ein,
und er speiste mit ihnen.
Das Essen, das gemeinsame,
war das Zeichen der Zusammengehörigkeit
und der sozialen Anerkennung.

Es ist immer dasselbe Gesetz, seit Jahrtausenden.
Wer oben sein will, braucht einen,
der unter ihm steht.
Wer als guter Mensch dastehen will,
braucht die, die er die Bösen nennt.
Wer solche Trennungen aufheben will,
fällt selbst unter die Bösen.

Als Jesus die Ausgegrenzten, Ausgestoßenen
zum Fest lud, protestierten die Ordentlichen:
„Wenn der von Gott käme,
hätte er eine andere Tischgesellschaft,
zum Beispiel uns."
Aber Jesus antwortete:
„Die Gesunden brauchen keinen Arzt,
den brauchen die Kranken,
ich rufe nicht die zu Gott,
die schon am Ziel sind, sondern die anderen."

Lukas 5, 31–32

Ich höre Jesus so sagen:
„Ich bin nicht interessiert daran,
mein Gesicht zu wahren,
wohl aber das Gesicht aller Menschen.
Ich bin nicht an meiner Freiheit interessiert,
wohl aber an der Freiheit aller.

Ihr sucht einen Prediger, der euch bestätigt,
euch und eure sozialen Abstufungen,
und meßt die Nähe zu Gott,
die einem Menschen zukommt,
an den Gesetzen und religiösen Ordnungen,
an eurem Bild von Frömmigkeit,
an euren Vorstellungen vom elitären Einzelnen.
Aber für mich geht das gemeinsame Leben
vor der Selbstverwirklichung der Besonderen,
und das Einstehen des einen für den anderen
vor dem Glück der Stärkeren.

Und wenn ihr mir zugehören wollt,
dann seht zu, was ich tue,
und tut es mit mir zusammen.
Ihr könnt es."

43. Und die Folgen?

Man kann Jesus leicht vorwerfen,
seine Güte für die Kranken und Armen
habe Folgen, die nicht gut zu heißen sind.
Er sei kein Realist.

Ich kann mir zum Beispiel denken,
daß die Sache mit dem einen Schaf,
dem verlorenen,
auch eine Wirkung hatte, die der Hirte nicht wollte.

Ich stelle mir vor,
das eine Schaf hatte sich verlaufen,
und als es niemanden mehr sah,
lief es in seiner Verwirrung in die falsche Richtung.
Als der Hirte es fand, war große Freude.
Natürlich. Er nahm es auf den Arm,
streichelte es und sagte:
„Ich bin froh, daß du wieder da bist."
Aber das war für die anderen schwer zu ertragen.
Sie sagten zueinander:
„Uns nimmt er nicht auf den Arm.
Uns streichelt er nicht."
Und sie fingen an, das eine Schaf zu hassen.
Das schloß sich umso mehr an den Hirten an.
Die Herde spaltete sich in das bevorzugte
und die übrigen frustrierten Schafe.

„Man muß wohl einmal verloren gehen,
wenn man geliebt sein will", sagten sie.
Und ich kann mir denken,
daß danach immer wieder eines von den anderen
sich in der Wüste verlor.
Der Schaden lag danach bei der ganzen Herde,
nicht nur bei dem einen Schaf.

Ich kann mir auch denken,
wie die andere Geschichte, die schon erzählte,
weiterging, die Geschichte von den Arbeitern,
die alle den gleichen Lohn bekamen,
obwohl die einen den ganzen Tag,
die anderen nur eine Stunde gearbeitet hatten.

Am nächsten Morgen stand niemand auf dem Markt,
als der Gutsbesitzer Arbeiter suchte,
um die Mittagszeit auch nicht.
Erst um fünf Uhr nachmittags kamen sie an
und wollten für eine Stunde engagiert sein.
Aber da hatte der Bauer seine Suche aufgegeben.

Ist es denn so schwer auszuhalten,
daß jemand nicht bekommen soll,
was er sich erraffen kann,
sondern jeder ungefähr das,
was er wirklich braucht?
Man hat immer wieder gefragt,
ob Jesus nicht ein heimlicher Sozialist
oder gar ein Kommunist gewesen sei.
In der Tat, auch unter Sozialisten
hat man die alte Regel wieder entdeckt,
daß jeder bekommen soll, was er braucht.

Aber auch nach dem Ende heutiger,
angeblich sozialistischer Staaten
ist das Maß unverändert,
das in einer Gemeinschaft gelten sollte:
Daß das Wohl der Gemeinschaft wichtiger ist
als der Vorteil des einzelnen.
Wir haben in unserer westlichen Welt an diesem Punkt
viel zu lernen.

44. Heimkehren

Noch eine kleine Geschichte,
die Jesus eines Tages erzählt hat:
„Denkt euch einen Familienvater.
Einen Bauern.
Der hatte zwei Söhne.
Der Jüngere von den beiden
kam eines Tages zu ihm und forderte:
‚Vater, gib mir den Teil deines Geldes,
der mir zusteht.
Ich will von meinem Erbe weiter nichts haben.'
Der Bauer gab schließlich nach
und teilte sein Vermögen unter die beiden.
Danach packte der Jüngere seine Sachen
und reiste in ein fremdes Land.
Er suchte das große Abenteuer.

In der Fremde aber fing er an,
in Saus und Braus zu leben,
mit Freunden und Liebhaberinnen
sein Vermögen zu verludern.

Als er alles verbraucht hatte,
kam über jenes Land eine Hungersnot,
und er wußte nicht mehr, wovon er leben sollte.
Schließlich fragte er einen Bürger von dort,
ob er nicht Arbeit für ihn habe,
zum Beispiel als Schweinehirt.
Und so ging er auf dessen Felder
und hütete die Schweine.
Er schlief bei den Schweinen
und brachte seine Tage bei ihnen zu
und ernährte sich bestenfalls
von ihrem Futter.

Endlich überlegte er:
Das kann doch nicht alles sein!
Dafür bin ich doch nicht auf die Reise,
in das große Abenteuer gegangen.
Zuhause gibt es Brot,
während ich hier am Hunger sterbe.
Ich will nach Hause gehen
und zu meinem Vater sagen:
‚Vater! Es war unrecht,
was ich getan habe.
Ich bin nicht mehr wert,
dein Sohn zu heißen.
Mach mich zu einem deiner Tagelöhner.'
Und er ließ den Schweinestall hinter sich
und begab sich auf die Heimreise.

Als er sein Elternhaus von weitem sah,
erblickte ihn auch schon sein Vater.
Dem tat es weh, ihn so zu sehen,
so abgerissen und elend,
und er tat ihm leid.
Er lief ihm entgegen,
fiel ihm um den Hals und küßte ihn.

Der Junge wehrte sich:
‚Ich habe mein Leben verpfuscht.
Ich bin nicht mehr wert, dein Sohn zu sein.
Mach mich zu einem deiner Tagelöhner.'"

Lukas 15, 11–21

Aber dann kam alles
noch einmal ganz anders.

45. Ein Fest feiern

So erzählte Jesus seine Geschichte.
Sie könnte auch anders lauten,
zum Beispiel als die Geschichte
eines erfolgreichen Mannes.

Als der junge Mann sein Geld in der Tasche hatte
und sich auf dem Weg ins große Abenteuer befand,
kam er eines Tages in ein reiches Land,
ein Land mit freiem Wettbewerb,
in dem jeder so viel Geld verdienen konnte,
wie er fähig war, sich durchzusetzen.

Er legte sein Geld vernünftig an.
Er kaufte einen Hof und begann,
Schweine zu mästen.
Er wirtschaftete mit Unternehmergeist,
mit Initiative und Sachverstand.
Er baute Ställe an und Scheunen
und machte aus dem Hof einen Großbetrieb.
Und bald war er Marktführer in der ganzen Provinz.

Eines Tages aber ging er die lange Reihe
der eisernen Gatter entlang,
und es wurde ihm unheimlich.
Er hatte nie über etwas anderes nachgedacht
als über Schweine und ihren Schlachtwert.
Und er kam sich plötzlich so vor,
als sei er selbst eins von ihnen.

„Was habe ich eigentlich?" fragte er sich.
„Geld. Geld habe ich, so viel ich will.
Kaufen kann ich alles, wonach ich Lust habe.
Ansehen habe ich, vor allem unter Kollegen.

Aber liebt mich irgendein Mensch?
Lebt in mir noch der,
der einmal die Freiheit suchte?
Weiß ich noch, wofür ich eigentlich auf der Welt bin?
Und weiß ich noch, wohin ich gehöre
und wie ich meine heimliche Angst los werde?"
Und er dachte daran,
daß er eigentlich irgendwo zu Hause war.
Und suchte den Heimweg wie jener andere.

Der andere, der Schweinehirt,
der heruntergekommene, kam inzwischen zu Hause an.
Der Vater ließ ihn kaum ausreden und rief:
„Schnell, bringt mein bestes Kleid
und legt es ihm an!
Gebt ihm einen Ring an seinen Finger
und Schuhe an seine Füße
zum Zeichen, daß er noch mein Sohn ist.
Bringt auf den Tisch, was das Haus hat.
Schlachtet das gemästete Kalb
und laßt uns essen und fröhlich sein.
Denn dieser hier, mein Sohn,
war tot und ist wieder lebendig.
Wir hatten ihn verloren
und haben ihn wiedergefunden."
Und sie feierten ein großes,
ein rauschendes Fest.   *Lukas 15, 22–24*

Was Jesus mit seiner Geschichte sagen will,
ist das Einfache und Große,
daß es eine Heimkehr gibt.
Und daß Gott den, der heimkehrt,
aufnimmt und ihm einen neuen Anfang gibt.

46. Den Bruder finden

Unsere Geschichte ist aber nicht zu Ende.
Es gibt noch einen,
der den Heimweg erst finden muß.

Der ältere Sohn nämlich,
der zu Hause geblieben war,
war eben auf dem Feld.
Als er kam und auf das Haus zuging,
hörte er Musik und Reigentanz.

Da rief er einen der Knechte
und fragte: „Was soll das bedeuten?"
Der antwortete:
„Dein Bruder ist zurückgekommen.
Da hat dein Vater
das gemästete Kalb geschlachtet,
weil er ihn gesund wieder hat."
Da wurde der ältere Bruder zornig
und wollte nicht hineingehen.
Ausgerechnet für den! Ein Fest!

Der Vater sah ihn von drinnen,
kam heraus und bat ihn:
„Komm herein!"
Er aber antwortete:
„Das mußt du verstehen!
Ich arbeite bei dir so viele Jahre.
Für mich hast du nie ein Fest gegeben
oder für meine Freunde.
Jetzt aber, da er, dein Sohn, kommt,
der sein Geld mit den Huren
verludert hat,
schlachtest du das gemästete Kalb!"

Der Vater antwortete:
„Kind, du bist immer bei mir.
Alles, was mir gehört, gehört auch dir.
Es ist aber wichtig,
daß wir ein Fest feiern und uns freuen,
denn er, dein Bruder,
war tot und ist wieder lebendig.
Wir hatten ihn verloren
und haben ihn wiedergefunden."   *Lukas 15, 25–32*

Was wollte Jesus mit seiner Geschichte zeigen?
Du kannst nicht, meinte er,
nach Gott suchen und nach seiner Liebe,
deinen Bruder aber ausschließen
von der gemeinsamen Heimkehr.
Du findest Gott,
wo du deinen Bruder, deine Schwester,
gefunden hast,
denn Gott ist im Gesicht deines Bruders,
in seinem Elend, in seiner Verlassenheit,
in seiner Schuld und Angst.

Es ist merkwürdig,
daß das so eng miteinander zusammenhängt,
aber so wollte es Gott.
Er wollte das geschwisterliche Menschenleben
auf dieser Erde, als das Bild von dem Ziel,
das er den Menschen gesteckt hat:
ihre Heimkehr in seine Nähe,
in sein Reich.

47. Mut fassen

Du hast gefragt: Wo finde ich Gott?
Wo und was ist dieses seltsame „Reich Gottes"?
Jesus hat zunächst gezeigt,
wie es in dir selbst entsteht.
Und er zeigt zum zweiten:
Es ist überall dort, wo Menschen sind,
die dich brauchen.

Dafür wählt er einen Vergleich:
Er sagt: „Wenn du das tust,
dann tust du die Arbeit eines Hirten.
Und auch mich selbst verstehst du am besten,
wenn du in mir einen Hirten siehst."   *Johannes 10, 11*

Er sagt also, mit anderen Worten, so:
„Finde dich nicht ab
mit dem Elend der Erde und mit dem Unrecht.
Finde dich nicht ab mit dem krummen Holz,
das die Menschen nun einmal sind.

Dir sind Kräfte anvertraut.
Vielleicht mehr als anderen.
Vielleicht weniger.
Das laß dich nicht kümmern.
Wichtig ist allein, ob du,
was du empfangen hast,
in Hingabe wandelst.

Du hast mehr davon in dir,
als du glaubst.
Du hast mehr Kräfte als du meinst.
Mehr Phantasie, als du denkst,
du darfst dich nur nicht davor fürchten.

Du hast mehr Liebe zu geben,
als du dir zutraust.
Geh also dorthin, wo die Herzen dunkel sind,
wenn du Licht sehen willst.
Auch das Licht, das in dir selbst ist,
das Licht Gottes.

Wo aber zwei oder drei von euch
zusammenkommen, um zu tun, was ich sage,
da bin ich gegenwärtig.   *Mattäus 18, 20*

Glaube dem, was du nicht siehst.
Glaube dem, was du für unnötig hältst.
Glaube, wenn das Wasser steigt.
Es trägt. Wovor fürchtest du dich?
Und wenn du alles getan hast,
was du konntest,
dann klopfe dir nicht selbst
auf die Schulter, sondern sage:
‚Es war nichts weiter,
als daß ich das meine tat.'   *Lukas 17, 10*

Sorge dafür, daß die Menschen um dich her
mutiger werden, als sie sind.
Indem du Mut machst,
verliert deine eigene Seele ihre Angst.
Und du findest Gott dabei.
Denn Gott ist es, der dir dein Leben gab
und die Kräfte, die du brauchst.
Und von ihm kommt aller Mut,
der in dieser Welt am Werk ist."

Was aber nicht Mut gibt,
ist gewiß nicht das Evangelium.

48. Unter Menschen Gott finden

Was ist eigentlich Glaube?
Wir haben ja gelernt,
wir kämen mit Gott ins reine
dadurch, daß wir glauben.

Manche erklären,
sie kämen ohne Glauben aus,
und viele von ihnen wohl nur deshalb,
weil sie eine Art Glauben haben,
ohne den man auskommen kann.

Ich fürchte, was glauben heißt,
das haben wir noch kaum begriffen.
Für uns heißt glauben fast immer,
etwas in der Hand zu haben.
Und so haben viele Gott in der Hand
und merken nicht,
daß es alles andere ist als Gott.
Viele lehnen Religion ab,
werfen Gott von sich und merken nicht,
daß das, was sie von sich geworfen haben,
alles mögliche war, nur nicht Gott.

Aber noch einmal:
Was heißt eigentlich glauben?
Heißt es tun, was Jesus tat?
Heißt es, ich soll nun auch hingehen
und Menschen aufrichten,
sie auf die Füße stellen.
Ihnen ihre Lasten abnehmen?
Sie heilen? Sie frei machen?
Sie einbeziehen? Ihnen Mut machen?
Ja? Soll ich das tun?

Manchmal möchte ich sagen:
Du verlangst zu viel, Jesus.
Zu den Menschen gehen? Helfen?
Mich mit Kranken und Eigensinnigen,
mit Widerstrebenden, Stumpfen,
mit Gestörten und Behinderten abgeben?
Ich bin kein Genie der Barmherzigkeit.

Aber da sehe ich Jesus lächeln:
„Was dir fehlt, ist nicht das Genie,
sondern der Glaube.
Aber den kannst du einüben.
In kleinen Schritten.
Mit irgendeinem kleinen Versuch
der Selbstüberwindung.
Und was du dabei findest,
ist doch nicht nur das Elend,
sondern auch das Glück.
Nicht nur die Mühsal, sondern auch die Freude,
nicht nur die Arbeit, sondern auch die Freiheit.
Du gibst doch nicht nur, du empfängst.
Und du empfängst mehr als du gibst.
Bei den Menschen ist nicht die Hölle,
bei den Menschen ist Gott.

Komm mit mir.
Ich gehe in die dunkle Welt,
in die Unterwelt der Menschenseele,
und sage ihr das Evangelium von Gottes Liebe.
Geh nun du auch zu den Menschen
und lebe dem Evangelium gemäß.
Du wirst Gott finden und sein Reich."

IV
Geh geradeaus

49. Werkzeug sein

Was uns trösten kann,
wenn wir in unsere Zukunft hinaussehen,
das ist, was Jesus mit all dem sagt:
Diese Erde ist nicht ein Tummelplatz
von Teufeln und Dämonen,
auch nicht von Zwang oder Zufall,
selbst wenn es so scheinen mag.
Sie ist ein Stück der Welt Gottes.
Das Leben, das wir führen, ist geführt.
Die Erde, auf der wir leben, ist nicht fertig,
sie hat eine Wandlung vor sich,
eine Vollendung.

Wenn ich Jesus frage,
was denn der Sinn dieses Lebens sei,
dann sagt er nicht:
„Wer alles hat, ist glücklich."
Oder: „Wer sich anpaßt, überlebt."
Oder: „Hauptsache, du setzt dich durch.
Du kommst vorwärts,
du machst dir einen Namen."
„Du kannst", sagt er, „ein Genie werden,
ein Gestalter, ein Erfinder,
ein erfolgreicher Mann, eine berühmte Frau.
Aber das alles ist weniger,
als wenn du ein Werkzeug bist
in der Hand Gottes.

Was kannst du denn werden?
Ich will es kühn ausdrücken:

Du kannst ein Mund sein,
durch den Gott dann und wann zu Menschen spricht.
Du kannst ein Auge sein,
das mehr sieht als die anderen,
das die Nähe Gottes schaut
und sie den anderen zeigt.
Du kannst ein Ohr sein,
das mehr hört, als sonst zu hören ist
im Lärm der Menschenwelt,
und das den Menschen hörbar macht,
was sie überhören.
Du kannst eine Hand sein,
durch die Gott in seiner Welt wirkt.

Auf alle Fälle bist du nur dann glücklich,
wenn du eins bist mit deiner Bestimmung,
das heißt mit dem,
was Gott durch dich tun will.
Laß dich nicht beherrschen
von den Gesetzen des Dschungels
rings um dich her.
Gib dich selbst her. Gib dich hin.
Und diene nicht den Wünschen,
sondern der Erlösung der Menschen.

Du bist für das Reich bestimmt, das kommende.
Du kannst helfen, es vorzubereiten.
Du bist auf alle Fälle mehr,
als du von dir selbst hältst.
Du bist ein Stück Zukunft
in der Ratlosigkeit dieser Menschenwelt.“

50. Maß nehmen

Was also ist das Maß,
das in der Zukunft gilt?
Die Bergpredigt schildert es.
Sie ist eine Rede an Menschen,
die in die Zukunft greifen wollen,
oder besser:
die tun und bewirken wollen,
was in der Zukunft „greifen" wird.

Sie ist zunächst eine Rede an die wenigen,
die unterwegs waren auf den Straßen,
an die wandernden Asketen, die wir Jünger nennen.
An die, die das Gewohnte hinter sich ließen
und auf das zugingen, was „Reich Gottes" heißt.

Sie wendet sich aber auch an alle anderen,
auch an die Seßhaften. Sie will,
daß ihre Gedanken allmählich eindringen
in unsere Welt mit ihren Augenblickssorgen
und mit ihrer, auch politischen, Ratlosigkeit.

Sie gibt die Zielrichtung an,
in die die Geschichte der Menschen
sich entwickeln wird,
und redet von dem,
was diese Geschichte immer mehr prägen wird.

Die Bergpredigt ist zusammengestellt
aus den Grundgedanken vieler Reden.
Sie ist die Quintessenz dessen,
was Jesus den Seinen mitgab.

Sie beginnt mit einem Hymnus
auf das gelingende, sinnvolle Leben.

Sie beginnt mit dem Ruf:
Folgende Menschen preise ich glücklich!
„Selig sind die, welche . . .",
so klingt es am Anfang.
Aber was heißt „selig"?
Es hat viele Bedeutungen.

Es heißt wörtlich: „Heil dem,
der dies oder dies tut,
der dies oder dies erfährt oder erleidet.
Ein Glückwunsch ihm!"
Es kann auch heißen:
„Bei ihrem eigensten Auftrag sind die . . ."
oder: „Eine sinnvolle Zukunft haben die,
die so oder so sind."

Es heißt: „Sie sind mit Gottes Willen
in Übereinstimmung,
sie stimmen mit sich selbst überein."
Oder: „Den Sinn ihres Lebens finden die,
die so oder so leben."
Und am Ende heißt es auch so viel wie:
„Sie werden ihr Ziel finden.
Sie werden in der Nähe Gottes leben,
sie werden in seine Liebe heimkehren.
Sie werden in Ewigkeit Gott rühmen
und in ihm sein. In Gott selbst."

Dies alles wollen sie sagen,
die sogenannten Seligpreisungen,
mit denen die Bergpredigt einsetzt.
Sie sind so etwas wie Kernsätze dessen,
was Jesus gesagt und gebracht hat.   *Mattäus 5, 1–12*

51. Glücklich sein

Wir lesen also: „Selig sind die,
die arm sind vor Gott
und nicht meinen, selbst groß zu sein.
Selig, die seine Liebe brauchen
und alles von ihr erwarten.
Sie werden ihr begegnen.

Selig sind, die Leid tragen,
denn Gott wird sie trösten.

Selig sind, die geduldig sind und hoffen,
denn die Erde wird ihnen gehören.

Selig sind, die nach Gerechtigkeit hungern,
denn Gott wird sie satt machen.

Selig die Barmherzigen,
denn Gott wird ihnen barmherzig sein.

Selig, denen Gott ein reines Herz gibt,
sie werden ihn schauen.

Selig, die Frieden schaffen, wo Streit ist.
Man wird sie Töchter und Söhne Gottes heißen.

Selig sind, die verfolgt werden,
weil sie für Gerechtigkeit eintreten.
Sie erleiden mein Schicksal in dieser Welt,
das Schicksal von Boten Gottes."   *Mattäus 5, 1–11*

Fangen wir noch einmal an:
Glücklich, fröhlich, selig
oder sonstwie im reinen mit sich,
mit der Welt und mit Gott sind die Armen.

Das heißt die, die alles brauchen,
was ihnen von Gott zukommt,
und sich nicht selbst für reich halten.
Denn wir sind ärmer als wir meinen,
wenn uns der Reichtum verschlossen ist,
den Gott uns zugedacht hat.
Selig, die die Hände offen haben und das Herz.

Glücklich oder selig sind, die Leid tragen.
Warum ausgerechnet sie?
Weil sie erleben werden, was Trost ist.
Sie tragen ihr Leid mit der Kraft,
die von Gottes Liebe ausgeht.
Selig auch, die Leid tragen um sich selbst
und um den Zustand ihrer Seele,
um Schuld und Versagen.
Denn ihre Schuld wird ihnen abgenommen
und ihr Leid in Segen verwandelt.

Glücklich, selig sind die,
die geduldig sind und warten können,
die Sanften, die Freundlichen.
Sie werden auf der Erde zuhause sein.
Sie werden Grund unter den Füßen haben,
wenn andere in ihrer Ungeduld stolpern.
Sie wissen, wohin sie gehören.
Denn die Erde lebt langsam. Die Erde hat Zeit.
Glücklich also, die warten können,
bis langsam Frucht erwächst.
Die der schaffenden Kraft vertrauen
und der Weisheit Gottes.
Sie haben keine Gewalt nötig.
Sie müssen nicht heute durchsetzen,
was erst morgen reif ist.
Sie leben im Frieden mit der Zeit.

52. Nach Gerechtigkeit hungern

Selig sind", sagt Jesus,
„die hungert und dürstet nach Gerechtigkeit.
Sie sollen satt werden."
Sie werden Gerechtigkeit empfangen
und Gerechtigkeit schaffen für die,
die das Unrecht der Menschen erleiden.
Wer danach hungert,
daß die Hungrigen essen,
wird satt werden.
Wer danach dürstet,
daß die Durstigen trinken,
wird seinen Durst löschen.
Er wird denen Gerechtigkeit schaffen,
die das Brot suchen oder die Freiheit.
Wer hungert und dürstet danach,
daß Menschen ihre Würde bewahren,
wird seine Würde empfangen.
Wer anderen Halt gewährt,
findet Halt für sich selbst.
Wer andere tröstet,
findet Trost für sein eigenes Elend.
Wer andere frei macht,
wird ein freier Mensch.

„Selig sind die Barmherzigen,
denn sie werden Barmherzigkeit empfangen."
Glücklich also,
die ein Ohr haben für die Verzweiflung,
ein Auge für die wortlose Klage,
eine Hand für die hilflose Schwäche.
Die das Leid der Menschen
aufs Herz nehmen
und das Leid aller Geschöpfe.

Sie wissen, woher Barmherzigkeit kommt,
auch, woher sie kommt,
wenn sie selbst sie brauchen.

„Glücklich sind die reinen Herzen.
Sie werden Gott wahrnehmen."
Aber „rein" ist etwas anderes als „sauber".
Rein ist ein Herz ohne Angst vor dem,
was verunreinigen könnte,
vor Krankheit, Elend und Armut.
Rein ist ein Herz, das nicht auf sich selbst achtet
und frei ist von Eigensucht.
Es ist nicht mit sich selbst beschäftigt.
Es schaut Gott.

„Selig sind, die Frieden stiften.
Sie sind Töchter und Söhne Gottes."
Das verstehen wir. Unsere Welt ist voll Krieg.
In der Stunde, in der ich dies schreibe,
toben auf der Erde dreiundvierzig Kriege.
Selig also ist, wer irgendeinen Krieg nicht führt
oder dazu hilft, daß irgendein Krieg endet.
Vielleicht bringt ihm das keinen Erfolg,
aber er tut, was nötig ist.
Selig also, die nicht ausschauen
nach irgendeinem Sieg.
Selig sind die Schutzlosen, deren Hände schützen.
Sie spiegeln Gott auf dieser Erde.
Die aber Gott spiegeln,
die sind seine Söhne, seine Töchter.
Kein Mensch kann mehr sein als das.

53. Leuchten

Selig sind", so schließt die Reihe,
„die verfolgt werden,
weil sie Gerechtigkeit suchen.
Glücklich seid ihr,
wenn man euch verleumdet und verfolgt,
weil ihr Gottes Werk tut.
Es geschieht euch, was auch mir geschieht.
Ihr drückt mit eurem Schicksal aus,
was Gottes Liebe in dieser Welt widerfährt.
Und dabei werdet ihr euren Verfolgern
den Zugang öffnen zu Gott.

Ihr seid das Salz der Erde.
Ihr seid dazu bestimmt,
die Welt vor Fäulnis zu schützen.
Wenn nun das Salz seine Schärfe verliert,
wie soll man es wieder salzig machen?
Es taugt zu nichts weiter,
als daß man es auf die Gasse wirft,
und von den Leuten zertreten läßt.   *Mattäus, 5, 13*
Ihr seid die Störung in dieser Welt,
durch die die Welt das Heil findet.
Darum stört!

Salz in offener Wunde brennt.
Wenn man euch so empfindet,
dann habt ihr den einen Teil
eures Auftrags erfüllt.
Ein Brennen zu sein.
Ein Feuer anzuzünden,
in dem das Verfaulte verglüht.

Ihr seid das Licht der Welt.   *Mattäus, 5, 14*
Das ist das andere.

Ihr seid dazu bestimmt,
der Welt zu zeigen, wie es um sie steht.
Ihr seid dazu bestimmt,
der Wahrheit Geltung zu verschaffen."

Jesus stand unten am See
und wies auf eine kleine Stadt hoch in den Bergen,
tausend Meter höher. Vielleicht war es Safed,
das dort in der Sonne lag und herableuchtete.
„So ist das Reich Gottes", sagte er,
„so fern und so nah.
So das Licht ins Tal herabspiegelnd.
Darum seid sichtbar. Versteckt euch nicht.
Man muß euch sehen.

Man zündet eine Lampe nicht an,
um einen Kessel darüber zu stülpen.
Ein Licht stellt man auf einen Leuchter,
so daß es denen leuchtet, die im Haus sind.
Ihr seid Lichter.
Euer Licht soll vor aller Augen brennen,
so daß ihr dem dient, der das Licht ist.

Mattäus 5, 14–16

Und wer seid ihr? Die Ungebildeten?
Die Machtlosen? Die Verachteten?
Falsch. Ihr seid die, die das Reich Gottes bringen.
Ihr seid die, in denen es sich spiegelt.

Und was ihr so tut, das wirkt weiter,
auch wenn keiner es bemerkt.
Das Licht bleibt das Licht.
Nichts, was getan wird, geht verloren.
Es wirkt weiter in der geistigen Welt,
in Gottes Reich. Und auf dieser Erde."

54. Den neuen Weg suchen

Die Bergpredigt fährt fort:
„Ihr sollt nicht meinen,
ich sei gekommen,
Gottes Ordnungen aufzulösen,
die überall in der Welt gelten
oder die in eurem Gesetz niedergelegt sind.
Ich bin nicht gekommen, seinen Willen aufzuheben,
den er den Propheten und den Weisen gezeigt hat.
Ich bin nicht gekommen,
Gottes Plan beiseite zu tun,
sondern ihn zu erfüllen.

Was ich sage, gilt:
Solange es eine Welt gibt,
in der Menschen leben,
und einen Himmel,
der das Geheimnis Gottes birgt,
wird von Gottes Willen
kein Stück unwirksam sein.
Wie wollt ihr ihn abschaffen?

Wie wollt ihr eure eigenen Einfälle,
eure eigenen Vorstellungen von Gott beurteilen,
woran soll Wahrheit erkennbar sein,
wenn ihr nur eure Augenblicksgedanken denkt
und das Maß verachtet,
das Gott in der Menschengeschichte
längst gesetzt hat?   *Matthäus 5, 17–20*

Ich sage das zu eurer Entlastung.
Wenn ich sage:
Das Alte hat seine eigene Wahrheit,
dann sage ich damit:

Ihr braucht nicht alles neu zu erfinden.
Ihr braucht euch nicht
die allerersten Ideen einfallen zu lassen,
als wäret ihr die ersten Menschen.
Ihr braucht nicht alle Rätsel zu lösen,
die die Welt euch stellt.
Ihr braucht auch nicht acht oder zehn
oder mehr Stufen der Erleuchtung
mühsam zu durchlaufen,
um an die Wahrheit zu kommen.

Ihr müßt nicht alle die Gesetze stiften,
nach denen die Welt sich dreht.
Ihr braucht nur von dem aus, was gilt,
ein paar eigene Schritte zu gehen.
Freilich: Es müssen eure eigenen sein.

Ihr seid freie Menschen.
Wählt euren Weg selbst.
Nehmt das Licht in Anspruch,
das lange vor euch geleuchtet hat,
und sucht euren Weg in dem Licht,
das heute leuchtet. Es ist dasselbe.
Laßt liegen, was euch zur Last wird,
und was vielleicht aus der Vergangenheit überliefert ist.
Und vertraut darauf,
daß ihr nicht eine neue Last
für euch und euren Weg erfinden müßt,
sondern daß Gott eure Freiheit will.
Gott wird euch den Geist geben,
den ihr braucht für euren Weg.
Jetzt und heute.
Und für die Zukunft."

55. Das Gewissen schärfen

Manches aus den alten Überlieferungen
wird dabei freilich auch ergänzungsbedürftig.
„Ihr kennt das Gesetz,
das euren Vorfahren gegeben wurde
und das sagte: ‚Du sollst nicht töten.
wer aber tötet,
soll vor ein Gericht gestellt werden.'"   *2. Mose 20, 13;*
21, 12–14

Hat es denn damit sein Bewenden?
Ist alles andere, was wir dem anderen antun,
erlaubt? Nein.
„Ich sage euch:
Wer seinem Bruder gegenüber Zorn empfindet,
gehört vor ein Gericht.
Wer zu seinem Bruder sagt: ‚Du Null!',
wer ihn also auslöschen will
wie eine Zahl,
verdient selbst das Todesurteil.
Wer zu seinem Bruder sagt:
‚Du verdammter Mensch!',
wer ihm also Gottes Barmherzigkeit
entziehen möchte,
verdient in Gottes Augen
die höllische Gottverlassenheit.

Will ich also ein härteres Gesetz?
Nein, ich will ein wacheres Gewissen.
Denn in deinem Herzen,
wohin kein Gesetz reicht,
fängt der Mord an.
Darum achte auf das,
was sich in deinem Gewissen regt.   *Mattäus 5, 21–22*

Wenn du zum Beispiel zum Gottesdienst gehst
und dir dabei einfällt,
daß einer dir etwas Böses vorwirft
oder daß Streit ist zwischen dir und ihm,
dann laß den Gottesdienst,
laß das Beten und Singen,
kehr um vor dem Tempel.
Geh zu deinem Bruder und versöhne dich mit ihm.
Danach komm und zeige Gott
deinen Glauben und deine Dankbarkeit.
Noch hast du Zeit,
Streit und Haß auszuräumen,
ehe du vor Gott, deinen Richter, trittst,
ehe der Streit mit deinem Bruder
und der Haß in deinem Herzen
gegen dich aussagen.
Noch bist du auf dem Wege.
Wenn das Gericht einmal beginnt,
bist du der Gefangene deines Hasses.
Du entrinnst ihm nicht mehr,
bis du alles wieder gutgemacht hast,
was doch nicht wieder gutzumachen ist."

Mattäus 5, 23–26

Unser Gewissen ist feiner
als irgendein noch so genaues Gesetz.
Darum nützt es nichts,
im Sinne des Gesetzes unschuldig zu sein.
Wenn die Liebe das Maß ist,
dann werden wir tausendmal schuldig.
Und wir trösten uns am Ende damit,
daß Gott größer ist als unser Herz,
daß er die große Liebe ist,
die in dieser Welt am Werk ist.

56. Zu seinem Wort stehen

Ihr kennt die Ordnung,
die bei euren Vorfahren galt:
Die Ehe einzuhalten
und sie nicht zu brechen.
Ich aber sage euch:
Wer verheiratet ist
und nun eine Frau oder einen Mann
mit begehrlichen Augen ansieht
und sich ausmalt, wie schön es wäre
mit ihm oder mit ihr,
der oder die hat die Ehe
im Stillen schon gebrochen.

Wenn dein Auge dir die Schönheit
eines anderen zeigt,
und sagt: ‚Den mußt du haben!‘
Dann reiß es aus und wirf es von dir.
Wenn deine Hand sagt: ‚Hol sie dir!‘
und nach ihr greift, dann hacke sie ab.

Mattäus 5, 27–30

Ihr kennt auch das Gesetz:
‚Du sollst keinen falschen Eid schwören
und sollst den gegebenen Eid einhalten.‘
Ich aber sage euch:
Ihr sollt überhaupt nicht schwören!
Ihr sollt euch nicht festlegen auf das,
was ihr morgen tun wollt.
Ihr könnt es heute nicht wissen.
Wißt ihr denn, ob Gott
euch nicht einen ganz anderen Weg führen will,
als den ihr heute geht?
Laßt eure Zukunft offen
und verbaut sie nicht durch einen Eid.

Was weißt du, was der,
auf den du deinen Eid leistest,
morgen tun wird?
Auf Hitler haben Millionen
ihren Eid geleistet
und sich an ihn gebunden gewußt,
als sie längst sahen,
daß sie sich einem Verbrecher verpflichtet hatten.

Und warum muß ein Gericht
einen Eid von euch fordern?
Könnt ihr die Wahrheit nicht sagen?
Könnt ihr nicht so klar leben,
daß man euch vertraut?
Auch ihr Christen,
die heute noch vor jedem Gericht
bereit sind zu schwören?

Wenn ihr wollt, daß man euch glaubt,
dann sagt ein Ja, hinter dem ihr steht,
oder ein Nein, das gilt.
Alles weitere dient dem Bösen.
Es dient der Lüge
und kommt von ihr her.   *Mattäus 5, 33–37*

Steht zu dem Mann oder der Frau,
die ihr erwählt habt.
Und steht zu dem Wort, das ihr sprecht.
Zuverlässigkeit und Wahrheit
sind keine Luxusartikel.
Sie sind die Bedingung
eurer Glaubwürdigkeit."

57. Ein Risiko eingehen

Ihr habt gehört,
daß unser Gesetz sagt:
‚Auge um Auge, Zahn um Zahn.'   *2. Mose 21, 24*
Mehr an Vergeltung
sollt ihr nicht üben.
Die Rache muß ein Maß haben.

Ich aber sage euch:
Ihr sollt dem Bösen
nicht mit gleichen Mitteln begegnen.
Wenn dir jemand
auf die rechte Backe schlägt,
dann biete ihm auch die andere."   *Mattäus 5, 38–39*

Der Schlag auf die rechte Backe
war ein Schlag mit dem Handrücken.
Er drückte Verachtung aus.
Wenn dir das geschieht, biete die linke.
Dorthin erfolgte der eigentliche,
der gewalttätige Schlag.

Es muß uns klar sein,
daß dies eine Weisung für Menschen ist,
die den besonderen Weg gehen wollen.
Wenn der Ängstliche ihn geht,
wird er nichts erreichen.
Er kann nicht leben ohne die Gewalt,
die ihn vor der Gewalt schützt.

Gewaltlosigkeit ist ein Weg
für starke und wissende Menschen,
die die Spirale der immer weiter gehenden
und sich fortsetzenden Gewalt
in ihrer Sinnlosigkeit erkannt haben.

Sie nehmen das Scheitern in Kauf,
wie es Jesus in Kauf genommen hat.
Sie riskieren, daß der, dem sie sagen:
„Hier! Meine andere Backe! Schlag drauf!",
wirklich zuschlägt
oder daß er mit Hohn und Spott reagiert.

Gewaltlosigkeit ist ein Weg für Menschen,
die eine Kraft in Anspruch nehmen,
die Gott ihnen verleiht.
Sie gehen mit dem Gewalttäter um
als mit einem Menschen,
der möglicherweise versteht
und sein Verhalten ändert.
Sie erwarten vom Zusammenleben
mit dem Gewalttäter –
gegen alle Wahrscheinlichkeit –
doch Frieden.
Und sie suchen den Weg zum Frieden auch dort,
wo er unbegehbar scheint.

Gewaltlosigkeit ist ein Vorgriff,
ein verwegener und gefährlicher,
auf das, was einmal entstehen soll,
was entstehen muß,
will die Menschheit ihre uralten Phrasen
vom gerechten Krieg
heute und morgen überleben.

Gewaltlosigkeit gründet nicht auf Optimismus
oder auf der Hoffnung, daß etwas gut ausgehen wird,
sondern auf der Überzeugung,
daß etwas Sinn hat,
unabhängig davon, wie es ausgeht.

58. Hoffnung fassen

Wenn Jesus solche Dinge sagt,
dann sagt er sie vor politischem Hintergrund
und mit dem bewußten Risiko,
dem er am Ende zum Opfer fiel:

Er sprach damit auch zu den Partisanen
in den Höhlen Palästinas.
„Ihr wollt den Aufstand? Ich nicht.
Ich will etwas anderes: daß ihr aufsteht.
Ich will, daß ihr die Augen aufschlagt
und seht, was wirklich geschieht,
was wirklich erlitten wird in eurem Land.
Ich will, daß euch andere Wege einfallen,
Wege zum Frieden auch mit den Menschen,
die ihr haßt.

Ehe ihr losschlagt, fragt nach dem,
was Gott wirklich von euch will.
Will er, daß ihr eure Feinde massakriert
mit der Folge, daß ihr selbst
von euren Feinden massakriert werdet?
Tag um Tag, Jahr um Jahr?"

In der jüdischen Widerstandsbewegung
war das Zeichen des Aufstandes
die terroristische Aktion.
Die Tötung des Feindes.
Jesus ging einen anderen Weg.
Für ihn war das Zeichen des Aufstehens
in die Freiheit die Heilung der Menschen.

Die verzagten, hoffnungslosen,
in sich verbarrikadierten Menschen
sollten sich erheben aus ihrer Mattigkeit.

Sie sollten eine Hoffnung fassen.
Sie sollten das Bild der Erlösung
und das Bild des Friedens vor sich sehen
und für ihn eintreten auf jede Weise.

Und das zeigte er ihnen nicht
mit großen Gesten.
Er tat es unermüdlich
im täglichen Leben.
Der Schauplatz seiner politischen Arbeit,
die eine Arbeit des Heilens war,
war nicht die spektakuläre Aktion,
sondern die Alltäglichkeit.

Menschen, die keinen Weg sahen,
sollten einen Weg finden.
Die in ihrer Mattigkeit aufgegeben hatten,
sollten neue Entschlüsse fassen.
Die nur noch Angst und Haß kannten,
sollten frei auf die zugehen,
die sie fürchteten oder haßten.
Es war eine ebenso politische wie private Antwort
auf die Ausweglosigkeit der Situation
und das Zeichen für die Überwindung
der politischen und militärischen Illusion.

Denn das Evangelium
hat seine stärkste Kraft
in der Hoffnung, die es vermittelt.
Bis heute ist der eigentliche Beitrag der Kirche
zum Geist ihrer Zeit die Hoffnung, die sie zeigt.
Was keine Hoffnung gibt über das hinaus,
was in dieser Welt zu sehen ist,
kann nicht das Evangelium sein.

59. Zum Leben helfen

Lege deine Waffe weg",
sagt Jesus, der nie ein Schwert trug,
zu dem Freund, der zuschlug,
um ihn zu schützen.
„Wer das Schwert ergreift,
wird durch das Schwert umkommen."   *Mattäus 26, 52*

Also, Jesus, du meinst,
wir sollen das Böse gewähren lassen?
Den Bösen?
„Nein," so höre ich ihn sagen, „sondern
ihm mit der Überlegenheit der Güte begegnen.
Nur so wächst Neues
zwischen dir und ihm.
Du zeigst ihm Freiheit.
Du öffnest den Himmel über ihm,
und er richtet sich auf.
Es ist aber nicht nur deine Kraft,
die du ihm zeigst, sondern die Kraft Gottes.
Nicht nur deine Freiheit,
sondern vor allem die Freiheit Gottes."

Frei ist, wer tut,
was ihm von Gott aufgetragen ist,
wer seinen Gegner gewinnt,
nicht der, der ihn vernichtet.
Seinen Gegner gewinnt der Geduldige,
der wehrlos Gütige.
Ein Eisberg ist durch das warme Meer
stärker bedroht
als das Meer durch den Eisberg.
Wer einen Schlüssel hat,
der Türen öffnet,
braucht nicht durch die Wand zu gehen.

Die ersten Christen vertrauten
auf die Wege der Gewaltlosigkeit.
Dadurch überzeugten sie eine Menschheit,
die von Waffen starrte.
Sie waren glaubwürdig
in ihrer Leidensbereitschaft,
solange, bis sie selbst die Macht hatten,
oder besser: bis die Macht
über das Christentum die Macht ergriff.

Seit 1600 Jahren haben die Christen
unzählige „gerechte Kriege" geführt.
Wie wäre es, wenn sie stattdessen künftig
den Völkern der Erde zeigten,
wie eine weise Politik aussieht?

Jesus sagt jedenfalls,
als sähe er unsere heutige Welt vor sich:
„Der Glaube an die Waffe
zerstört den, der sie trägt.
Wenn die Welt in Waffen steht,
stirbt die Welt an der Waffe.
Euer Weg ist anders:
Unter euch soll jeder dem anderen
ein Christus sein,
bereit zur Güte und bereit zum Leiden.
Anders ändert sich nichts in der Welt."

Die Bergpredigt gibt die Richtung an,
in der die Menschheit heute zu denken hat,
will sie noch eine Zukunft haben.

60. Den Feind lieben

Ihr habt gelernt", sagt Jesus,
„von euren Vorfahren und aus ihrem Gesetz:
,Du sollst deinen Freund lieben,
deinen Feind sollst du hassen!'
Mattäus 5, 43

So ist von Gott gesagt, in früheren Zeiten:
,Er vergilt mit einem Schlag ins Gesicht
denen, die ihn hassen, und säumt nicht,
seinen Feinden mit Macht zu vergelten.'
5. Mose 7, 9–10

Und der Mensch hielt sich an diese Regel:
,Die mich hassen, will ich vernichten . . .
Ich will sie zerstoßen zu Staub der Erde,
wie Dreck auf der Gasse
will ich sie zerstäuben und zertreten.'
2. Samuel 22, 41–43

Ich aber sage euch:
Zeigt euren Feinden, daß ihr sie liebt.
Bittet Gott um seine Liebe
für die, die euch verfolgen.
Mattäus 5, 44

Tut denen wohl, die euch hassen.
Wünscht Segen von Gott denen,
die euch die Hölle wünschen.
Bittet für die, die euch beleidigen.
Lukas 6, 27. 28

So werdet ihr Töchter und Söhne Gottes sein,
denn euer Vater im Himmel
läßt seine Sonne aufgehen
über den Bösen und den Guten
und sendet seinen Regen
den Gerechten und den Ungerechten.

Wenn ihr für eure Feinde keine Güte habt,
sondern nur liebt, die euch lieben,
was ist daran Besonderes?
Tut man das nicht auch unter denen,
die Gott verachten?

Gott ist einer und derselbe
für die Guten und für die Bösen.
Und so seid wie er:
Ganze Menschen, die sich nicht teilen.
Seid aus einem Stück,
wie Gott ganz und der eine ist."   *Mattäus 5, 45–58*

Was sagt Jesus damit über Gott?
Er sagt, Gott führt keine Kriege.
Gott wendet seine Gewalt nicht an.
Er gewährt das Leben auch denen,
die nichts von ihm wissen wollen.
Er läßt den Bösen gewähren,
auch wenn uns das zuweilen
an ihm irre machen mag.
Gott ist mehr ein leidender
als ein kämpfender Gott.

Jesus zeigt uns dieses Bild an sich selbst:
Auch er war kein Held, der um sich schlug,
sondern ein Zeuge für den liebenden
und leidenden Gott.
Darum zeugt es von einem vergangenen Geist,
Gott zu fürchten.
Denn, „die Liebe treibt die Furcht aus".   *1. Johannes 4, 18*
Auch die Furcht vor Menschen.
An ihre Stelle tritt die Liebe
als das große Zeichen der Kraft.

61. Aufrecht gehen

Noch einmal, Jesus:
Wie überwinde ich das Böse?

Verbrecher abzuurteilen,
gute und böse Staaten zu sortieren,
ist keine Arbeit für den Frieden.
Vielleicht liegt der Ursprung
der Feindschaft in uns selbst?

Vielleicht sind meine Feinde meine Feinde,
weil in mir ein Haß ist gegen mich selbst?
Wenn ich von meinem Feind das abziehe,
was ich auf ihn übertragen habe,
bleibt drüben, wo der Feind war,
der Mensch übrig.

Solange ich nicht nachdenke
über meinen Anteil an der Feindschaft,
wird der Krieg ein böses Schicksal sein,
das vom Himmel kommt
wie das schlechte Wetter.
Krieg ist aber eine Spiegelung,
Ausdruck meines eigenen Zustands.

Du meinst also, Jesus,
ich solle mich vor jedem bücken,
der mir entgegentritt?

„Im Gegenteil!" höre ich Jesus.
„Geh aufrecht! Weigere dich!
Kein Kommando geht dich etwas an.
Der aufrechte Gang ist das Zeichen dessen,
der Kriege beenden will.
Er steht allein gegen viele.

Mach also den Frieden stark
in deinem Geist und in deinem Herzen
und nicht die Waffe in deiner Hand.
Und drücke die Wahrheit aus
in deiner aufrechten Gestalt.
Es ist nur einer,
vor dem sich zu beugen Sinn hat:
Gott selbst.
Sich beugen ist etwas anderes als sich bücken.
Wer sich bückt,
tut es aus Angst oder Unterwürfigkeit.
Der Unfreie bückt sich
vor jedem Gewalttäter.
Wer sich beugt,
tut es als Zeichen der Ehrfurcht
vor dem einen Gott."

„Sei ganz," sagt Jesus.
„Sei ganz in dem, was du tust.
Sei ganz in dem, was du glaubst.
Sei ganz in dem, was du liebst.
Wo das ist, was du liebst,
da ist dein Herz.

Teile dich nicht.
Liebe Gott mit ganzem Herzen
und den Menschen neben dir wie dich selbst.

Sei ungeteilt.
Alles Halbe ist vom Übel.
Du bist am Ziel, in Gott,
wenn du ganz Mensch bist,
wie Gott selbst ungeteilt ist
und vollkommen in sich selbst."   *Mattäus 5, 48*

62. Drei Mahnungen

Merkt euch die Regel", sagt Jesus,
"Alles, was ihr erwartet
an guten Taten oder an Verstehen
von euren Mitmenschen,
das tut für sie.
Darin liegt das einfache Grundgesetz,
wenn ihr euch überhaupt
ein Gesetz wünscht für euer Leben.
Es ist von Gott gegeben.   *Mattäus 7, 12*

Und noch eine Regel:
Geht durch die schmale Tür,
denn das Tor ist weit
und der Weg ist breit,
die in die Irre führen.
Viele suchen den bequemen Weg
und gehen zugrunde.

Die Tür ist eng
und der Weg ist schmal,
die zum Leben führen,
und wenige sind es, die ihn finden.
Doch nicht nur so,
daß die Tür eng ist.
Es gilt auch: Was dir eng scheint
und schmal, ist ein Weg, eine Tür.   *Mattäus 7, 13–14*

Und eine dritte:
Nicht jeder, der mich im Munde führt,
wird das himmlische Reich finden.
Viele werden dereinst zu mir sagen,
wenn ihnen der Zugang verwehrt wird:
‚Wir haben für dich geredet.
Wir haben für dich gearbeitet.

Wir waren immer für das Christentum.
Wir haben gespendet
und in deiner Kirche mitgearbeitet.
Wir haben Predigten für dich gehalten,
und Vorträge und workshops
und vieles andere getan.'
Aber ich werde ihnen sagen müssen:
Ihr habt nie zu mir gehört.
Hinaus mit euch."   *Mattäus 7, 21–23*

Und so schloß Jesus die Rede,
die wir die Bergpredigt nennen:

„Wer tut, was ich sage,
der ist klug wie ein Mann,
der sein Haus auf einen Felsen baute.
Als nun ein schwerer Regen fiel,
der Fluß über die Ufer trat
und die Stürme gegen das Haus stießen,
blieb es unversehrt, denn sein Fundament
war in den Felsen gehauen.
Wer aber hört, was ich sage, und es nicht tut,
ist töricht wie ein Mann,
der sein Haus auf Sand setzte.
Als nun ein Regen fiel,
der Fluß über die Ufer trat
und der Sturm an das Haus stieß,
da zerbrach es
und stürzte in Trümmern zusammen."
                                    Mattäus 7, 24–29

Als Jesus diese Rede beendet hatte,
waren die Menschen außer sich.
Denn er redete wie einer,
der von Gott Gewalt hat und Vollmacht,
und nicht wie die Prediger sonst.

63. Kind sein

Und das alles willst du von uns verlangen, Jesus?
Das glaubst du doch selbst nicht.
Du kannst doch nicht annehmen,
daß wir dem gerecht werden könnten?

Ich sehe Jesus lächeln:
„Ihr sucht noch immer
nach den Riesenkräften,
mit denen ihr die Welt umbauen wollt.
Was Gott an euch tut, ist aber wichtiger,
als was ihr selbst vollbringt.

Hat man euch nie erzählt,
was ich an ein paar Kindern
in Galiläa getan habe, als einige Mütter,
ihre Kinder auf dem Arm, zu mir kamen?
Sie wollten, daß ich die Kleinen segne.
Meine Jünger aber trieben sie weg.
Ich habe sie damals zurückgerufen:
‚Kommt! Kommt zurück!
Die Nähe Gottes ist den Menschen zugedacht,
die Kindern ähnlich sind.'"   *Mattäus 19, 13–14*

Was meinst du mit dem Kind, Jesus?
In jedem Menschen wohnt ein Kind,
das will spielen. Ist es das?
„Durchaus", antwortet Jesus.
„Wendet euch Gott zu,
so hingegeben wie ein Kind seinem Spiel.
So gesammelt. So eins in euch.
So werden euch die Augen aufgehen
und die Ohren.
Ihr werdet das leise Wort hören,
das euch von Gott zugedacht ist.

Ein Kind ist ein Wesen,
das seine Zukunft noch vor sich hat.
Ich habe gesagt: Geht geradeaus.
Vor euch ist die Zukunft,
und es lohnt sich um sie.

Kraft ist das Geringste,
was Kinder beitragen können.
Aber sie vertrauen.
Und wenn alles gut ist,
wissen sie sich geliebt.
Und die Zukunft gehört ihnen.

Ihr habt ein Wort zu sagen,
ein tröstendes, befreiendes Wort,
mit dem sich die Zukunft auftut.
Habt den Mut und sagt es.
Habt den Mut,
die zu sein, die ihr seid,
und seid es ganz:
freie, eigene Menschen,
gerufen von mir."

Und sie gehen, die Frauen und die Männer,
seit zwei Jahrtausenden,
gesandt von Gott zu den Menschen,
und reden von dem großen Ziel,
das auch heute,
in dieser gefährdeten Zeit,
noch vor uns steht.

V
Sprich mit Gott

64. Horchen

Wenn du Gott finden willst", sagt Jesus,
„dann suche das Gespräch mit ihm.
Rede in der Stille mit ihm
und horche, was dir in deiner Seele
als Antwort entgegenkommt.

Mach keinen Auftritt daraus,
der beweisen soll, daß du ein Mensch bist
von besonderen Qualitäten.
Was geht dein Gebet die anderen an?

Wenn du betest,
dann geh in deine Kammer,
schließ die Tür
und finde deinen Vater
in der Verschwiegenheit.   *Mattäus 6, 5–8*
Schließ die Tür deiner Seele
und sprich zu ihm mit einfachen Worten
oder schweige vor ihm.
Du wirst merken,
daß das Schweigen schwieriger ist
als das Reden, aber ebenso wichtig.
Und dann horch, ob du ein Wort von ihm
in der Stille vernimmst.

Sage also: ,Vater!
Geheiligt werde dein Name.
Es komme dein Reich.
Dein Wille geschehe
wie im Himmel, so auf der Erde.
Unser Brot gib uns heute.
Vergib uns unsere Schuld,
wie wir selbst denen vergeben,
die an uns schuldig werden.

Und führe uns nicht in Versuchung,
sondern erlöse uns von dem Bösen.
Denn dein ist das Reich und die Kraft
und die Herrlichkeit. In Ewigkeit.
Amen.'"

Lukas 11, 1–3
Mattäus 6, 9–13

So sprechen wir in allen Kirchen,
auch in jedem Gottesdienst.
Aber dabei übersehen wir leicht,
daß dies ein Gebet ist für Menschen,
die unterwegs sind.
Die einmal irgendwo zuhause gewesen
und von dort aufgebrochen sind
und die nun ein Ziel ins Auge fassen:
das Reich Gottes.
Und nun sprechen sie mit jedem Wort
eine Hoffnung aus und eine dringliche Bitte,
die vorausgreift auf dieses Ziel.

Sie leiden unter dem, was sie sehen,
und wenden sich an Gott
in einem seltsamen Vertrauen.

Das Vaterunser spricht die Sehnsucht aus,
Gott möge sich endlich zeigen.
Er möge sich durchsetzen, endlich!
Er möge uns befreien, und zwar bald,
aus den Verstrickungen unseres Daseins
auf dieser Erde. Eigentlich
müßten wir jedes einzelne Wort
anders aussprechen als wir es tun.
Dringlicher, leidenschaftlicher,
ausgespannt zwischen unserer Gegenwart
und der Zukunft der Welt.

65. Das Dringliche in Worte fassen

Wenn das so ist,
dann müßten wir die erste Bitte,
die von der Heiligung des Namens Gottes,
etwa so sprechen:

„Du Gott, den wir Vater nennen,
du bist heilig.
Du bist der Herr der Welt.
Wir können nichts vorbringen gegen dich.
Aber zeige dich doch in deiner Heiligkeit!
Laß uns etwas davon merken!"

Und die zweite Bitte:
„Setze doch deinen Willen endlich durch
in deiner Welt!
Jeder geht hier seinem eigenen Willen nach,
und das Elend ist unerträglich."

Und weiter: „Zeige uns etwas von deinem Reich,
auf das wir hoffen möchten!

Das Brot, das du für uns vorgesehen hast
in deinem kommenden Reich, gib uns,
wir bitten dich, noch heute!

Löse uns von dem Bösen, das wir tun,
wie wir andere von dem Bösen freimachen,
das sie uns angetan haben.

Bewahre uns vor der Gefahr,
deine Hand zu verlieren,
wenn der große Umsturz kommt
zwischen dieser und der kommenden Welt!

Mach uns frei von der Macht,
der gefährlichen, mit der die Finsternis
uns so hart im Griff hat!
Denn du hast die Macht,
dein kommendes Reich aufzurichten.
Du hast die Kraft zu sein, wenn alles untergeht.
Dir gebührt unsere Anbetung
jetzt und in Ewigkeit."

Jesus und seine Zeitgenossen
sahen sich in einer Zeit,
in der sich das Ende von allem ankündigte,
was ihnen vertraut und heilig war.
Sie sahen sich vor einem Ende,
über das sie nur hinaussehen konnten,
wenn sie sich das ganz Andere,
das Neue, das Kommende vor Augen stellten,
das sich in ihrer Zeit durchzusetzen begann.

Sie erwarteten den Eingriff Gottes
in naher Zukunft.
Und wir verstehen nichts,
was Jesus sagte und was er tat,
wenn wir die Dringlichkeit nicht spüren,
in der alles bei ihm stand.
Aufbrechen aus der Gegenwart,
sich überwältigen lassen von dem,
was die Zukunft bringt,
das war das Grundmotiv seines Wirkens,
die Grundmelodie, in der er lebte.

Und noch immer stehen wir an dieser Grenze.
Was sind schon zweitausend Jahre
angesichts des Alters der Welt
und der Ewigkeit Gottes!

66. Bilder nicht scheuen

Wenn wir von Gott reden,
ist alles eine Rede in Bildern und in Gleichnissen.

„Vater" ist ein Gleichnis.
Gott ist ja nicht männlich.
Man könnte auch „Mutter" sagen,
aber es wäre wieder nur ein Bild.
Gott ist Gott und unvergleichbar.
Aber er ist, wie Jesus versichert,
vertrauenswürdig.
Darum sagen wir zu ihm „Vater!".

„Himmel" ist ein Gleichnis.
Du kannst natürlich sagen:
Der Himmel ist oben,
also muß Gott oben sein.
Du kannst aber auch sagen:
Gott ist mir an Würde, an Rang,
an Heiligkeit so unendlich überlegen,
wie der Himmel über der Erde ist.
Er ist mir aber überall nahe,
um mich her, unter mir,
vor mir, hinter mir, rechts und links,
wohin immer ich blicke,
und in mir selbst.
Himmel ist die unendliche Nähe Gottes.

Der „Name" ist ein Gleichnis.
Der Name war den alten Völkern
ein Ausdruck für das Wesen eines Menschen.
Sagen wir also: „Dein Name ist heilig",
oder: „Dein Name soll uns heilig sein",
so sagen wir:

„Du bist auf abgründige Weise anders als wir.
Hilf uns, daß wir das begreifen.
Daß uns der Gedanke an dich
zur Kostbarkeit unseres Lebens wird,
daß er unsere Hoffnungslosigkeit löst
und uns zeigt, was wirklich groß ist.
Daß wir uns von unserem kleinen Ich lösen
und das ganze, das Heilige, ahnen."

Wir sagen also:
„Gib unseren Vorstellungen,
die wir uns von dir machen,
Gewicht und Klarheit.
Laß uns dich einatmen
in jedem Augenblick, damit du bei uns bist,
auch wenn wir dich nicht begreifen."

Auch das „Reich" ist ein Gleichnis.
„Dein Reich" − das ist Gottes Nähe,
das ist seine Gegenwart.
Aber wir merken so wenig von ihr.
Solange wir leben, vermissen wir sie.
Wir bitten also:

„Führe uns in dein Reich,
oder besser: Laß dein Reich zu uns kommen,
damit wir Kraft finden,
mit Vertrauen durchzustehen,
was an Schrecklichem kommen mag.
Wir wissen von keiner Erfüllung,
von keinem Sinn, von keinem Frieden,
ehe du selbst bei uns bist
und wir zu Hause sind bei dir.
In deinem ‚Reich'."

67. Wollen, was Gott will

Wir sagen: Dein Wille soll geschehen.
Das ist eigentlich unnötig.
Dein Wille geschieht ohnehin,
auch wenn wir ihn nicht verstehen.
In dieser ganzen Welt ist alles voll
von deinem Willen.
Und in der unsichtbaren Welt, im „Himmel",
ist nichts, was ihn aufhielte.

Bei uns Menschen freilich,
denen du Freiheit gegeben hast,
geschieht er nur, wo wir ihm Raum geben.
Wo immer unsere Hände am Werk sind,
wohin immer unsere Gedanken gehen,
wann immer wir irgend etwas wollen,
besteht die dringende Gefahr,
daß dein Wille nicht geschieht.
Die Weltgeschichte ist der Beweis,
der Jahrtausende alte.
Die Welt aber wird dabei schrecklich.
Sie wird zu einem heillosen Ort,
einem Ort des Grauens.
Wir bitten dich, wir bitten dich dringend,
wir bitten dich unter Aufbietung aller Kräfte:
Setze endlich deinen Willen durch
und nimm unser Herz zum Werkzeug.
Unser Leben. Unsere Kraft.

Freilich, wir wissen nicht,
was wir bitten sollen.
Denn wir fürchten uns auch davor,
daß dein Wille sich durchsetzt.
Denn in ihm hat alles Raum,
auch alles, wovor wir uns fürchten.

Auch Krankheit, Elend, Schmerz
und qualvolles Sterben.

Alles Schicksal, das uns droht,
kommt aus deinem Willen.
Auch unser eigenes Wesen,
das uns zu schaffen macht,
und unser eigenes schreckliches Tun,
das wir nicht verstehen.

Wir möchten darum deinem Willen
ähnlicher werden und ihn annehmen.
Nein, nimm uns unseren Willen
und gibt uns einen anderen,
der deinem Willen ähnlicher ist.
Auch wo es gegen unsere Wünsche geht.
Denn wo sollte Erfüllung liegen
und Sinn in unserem Leben,
wenn nicht darin,
daß unser Wille
ins Einvernehmen gelangt
mit deinem Willen?

Darum gib,
daß dein Wille geschieht,
nicht nur im Himmel,
sondern auch auf unserer Erde,
der leidvollen, unserem Willen
ausgelieferten Erde.
Und nicht nur allgemein in der Welt,
sondern auch bei uns und durch uns.

68. Das Künftige erbitten

Nach traditioneller Weise
sagen wir: „Unser Brot,
das wir täglich brauchen, gib uns,
so viel dieser Tag verlangt."

Aber die Bitte meint eigentlich etwas anderes.
Das Wort, das für „täglich" steht
im griechischen Text,
heißt nie und nimmer „täglich".
Es heißt genau: „künftig".
Gemeint ist das künftige Brot.
Aber da man nicht weiß,
was man sich darunter vorstellen soll,
sagt man bis heute „tägliches Brot".

Wir sagen also:
„Du sprichst von dem Brot, Jesus,
das wir bei einem künftigen Festmahl essen werden,
das du mit uns feiern wirst
nach dem großen Umbruch aller Dinge.
Diese Speise in dem kommenden Reich,
Gott, dieses künftige Brot,
gib uns heute. Es ist Zeit.
Die Zeit, in der unsere Seele hungert,
ist schon allzu lang.
Die Zeit des Hungers nach Erfüllung,
nach Erlösung aus diesem Dasein
dehnt sich. Kürze sie ab.
Gib uns dieses Brot heute!"

Brot ist aber ein Gleichnis für alles,
wovon der Mensch lebt.
Auch für die Liebe, die er braucht,
für das Wort, von dem er lebt.

„Unzählig viele Menschen
hungern nach dem freundlichen Wort.
Und am dringendsten nach einem Wort
von Gott. Dieses Wort, das wir hören werden,
sage uns schon heute,
damit wir wissen, daß du da bist.

Und vergib uns unsere Schuld."
Aber was ist Schuld? Schuld ist Eigensucht.
Schuld ist Lieblosigkeit, Verstummen.

„Unsere Schuld trennt uns von dir, Gott,
wie auch von uns selbst und von deinen Kindern.
Jeder Tag, an dem du nicht vergibst,
macht den Abgrund tiefer.
Die Trennung endgültiger.

Wir wissen: Es gibt keinen Menschen,
der uns mehr schuldete als wir ihm.
Dein kommendes Reich aber
wird ein Reich der Liebe sein.
Wir sollen darum auch mit Menschen,
die uns fremd sind, leben,
ihnen vertrauen, ihre Freundschaft annehmen.

All dies erbitten wir gegen uns selbst.
Wenn wir so sprechen,
verurteilen wir uns selbst.
Vergib uns unsere Schuld
unendlich mehr als wir denen vergeben,
die an uns schuldig sind.
Denn wir wollen dir und deinem Reich
angehören und mit allen anderen zusammen,
in Ewigkeit."

69. Sich vor der Gefahr ängstigen

Wir sagen:
„Führe uns nicht in Versuchung."
Damit meinen wir nicht
die Versuchung durch Schokolade oder Zigaretten,
durch schöne Frauen oder Männer,
die kleinen Versuchungen,
denen wir erliegen könnten.

Nein, das Wort „Versuchung"
hatte in der Zeit und in dem Land,
in dem Jesus lebte,
einen anderen, genauen Sinn. Es will sagen:
„Wenn die Welt untergeht,
wenn die großen Katastrophen der Endzeit
über uns hereinbrechen,
wenn in unendlichem Leiden und Sterben
die ganze Schöpfung versinkt und verdirbt,
wenn wir abstürzen
in einen Abgrund des Schreckens und des Grauens,
dann halte uns fest.
Denn dann ist unser Glaube in Gefahr.
Dann besteht die Gefahr, daß wir,
wie alle anderen um uns her,
dir absagen, dir fluchen.

Führe uns nicht in diese Situation,
oder gibt uns Kraft, sie zu bestehen.
Laß, wenn das alles geschieht,
unsere Hand nicht los! Verlaß uns nicht."

Solche Gedanken sind in der Zeit seither
immer wieder verdrängt worden,
auch in der Kirche.

Von der kleinen Versuchung, der moralischen,
zu reden, ist einfacher.
Aber der Untergang unserer Erde
ist heute keine Katastrophenphantasie mehr.
Es könnte sein,
daß er uns wirklich bevorsteht.

Wir sagen also,
wenn wir von „Versuchung" sprechen:

„Es geschieht in dieser Welt so viel,
dessen Sinn wir nicht verstehen.
Wir wissen überhaupt nicht,
ob unser Dasein irgendeinen Sinn hat.
Bewahre uns davor zu sagen:
Es ist alles sinnlos.

Es wird so unendlich viel und täglich
gelogen, gefälscht, getäuscht.
Bewahre uns davor zu sagen:
Es gibt keine Wahrheit."

Es gibt so viel Leid und Elend überall.
Während ich dies schreibe,
gehen Hunderttausende zugrunde
in den Flüchtlingslagern um Ruanda
am Hunger und an der Cholera.

„Bewahre uns davor zu sagen:
Es ist kein Gott, der es wahrnimmt.
Führe uns nicht in die einzige,
wirkliche Versuchung,
deine Hand loszulassen,
Vater im Himmel!"

70. Den Glauben bewahren

Wir sagen:
„Erlöse uns von dem Bösen."
Damit sagen wir:
„Unsere ganze Menschenwelt
ist in den Klauen des Bösen.
Es ist so viel Gewalt und Bosheit ringsum,
und niemand setzt ihr Grenzen.
Bewahre uns davor zu sagen:
Das Böse hat die letzte Macht.
Denn uns will scheinen,
es sei kein Richter in der Welt,
auch du nicht, Gott.
Wir bitten dich dringend:
Löse die Gewalt,
mit der das Böse oder der Böse,
gleichviel, uns im Griff hat.
Mach uns frei
von allen Gewalten außer dir.
Wir sehen sonst keine Hoffnung,
und es bleibt uns sonst nur
der Untergang in der Verzweiflung.

Denn" – und das sagen wir
mit den letzten Worten des Vaterunsers –:
„Wir möchten trotz allem
daran glauben, daß du bist,
daß du die Macht hast,
daß du uns wohlgesonnen bist,
daß wir uns auf dich verlassen können
und daß du uns einer Zukunft entgegenführst,
in der wir dich sehen werden
und eine erlöste Welt zugleich."

„Dein ist das Reich", sagen wir.
Und wir halten damit fest:

„Du bist der große Ursprung der Welt
und aller Welten, die es je gab und geben wird.
Du bist das Ziel, auf das alles zuläuft,
und du bist der, der auch diese Stunde,
in der wir Heutigen,
wir Eintagsfliegen, leben,
in der Hand hat, bestimmt und gestaltet."

„Dein ist die Kraft", sagen wir.
„Aus deiner Kraft kommt alles,
auch die Entwicklung dieser Welt
seit dem Urknall und bis heute
und in alle Zukunft.
Mit deiner Kraft wirst du die Welt
an ihrem Ende auffangen und erneuern
in unendlichen neuen Anfängen.
Du bist auch unsere kleine Kraft,
mit der wir Menschen unser Leben bestehen."

„Dein ist die Herrlichkeit", schließen wir.
„Dein ist die unüberbietbare
Größe und Souveränität,
von der wir armen Menschen
mit unserem kleinen Gehirn
nicht den Schatten einer Ahnung haben.

Darin liegt unsre einzige Hoffnung,
unser einziger Trost.
Darin besteht zuletzt unser Glaube,
Vater im Himmel."

VI
Fasse die Zukunft ins Auge

71. Richtung Zukunft

Wir erinnern uns:
Der erste Weg ging nach innen.
Der zweite führte zu den Menschen,
wohin geht der dritte?

Der erste führte in die Tiefe der Seele.
„Ein Wort fällt von oben", sagt Jesus,
„in den Grund der Seele wie in einen Acker
und will dort Wurzeln schlagen.
Und dort unten finden wir
die Nähe Gottes. Sein Reich."

Jesus sagte auch: „Der Weg zu Gott
führt zu denen, die um dich her sind,
rechts und links von dir."

Wir begegnen Gott also
in irgendeinem Menschengesicht
und können eine Ahnung davon gewinnen,
wie Gottes Reich aussieht
und was es bewirken will.

Aber Jesus zeigt einen dritten Weg.
Der führt von der Vergangenheit, die hinter uns liegt,
geradeaus in die Zukunft.
Dieser Weg kommt von den Traditionen her,
von Gesetzen und Ordnungen, die wir kennen.
Und er geht auf eine Zukunft hin,
die uns unbekannt ist
und in der sich bewähren muß,
was wir heute denken oder tun.
Er sagt: „Mach dich auf den Weg. Geh!
Du findest Gott nicht im Stehen.

Und laß alles Gepäck liegen,
das dir zu schwer wurde.

Schau zurück. Du bist kein Selbstversorger.
Du bist nie ohne die Gedanken derer,
die vor dir waren,
ohne ihre Einsicht und Weisheit.
Ich jedenfalls bin nicht gekommen,
alles für falsch zu erklären,
was vor mir war.   *Mattäus 5, 17–19*

Aber auch die Bibel ersetzt dir nicht,
was du selbst bezeugen sollst.
Gott redet weiter. Auch zu dir.
Was würde dir ein Gott helfen,
der vor zweitausend Jahren aufgehört hätte
zu reden? Nein, der Geist Gottes
wird dich in alle Wahrheit leiten.
Die Bibel sagt: Der Geist Gottes
wird noch deine Kindeskinder
erfüllen und begeistern.
Wenn du die Bibel liest, frage dich,
wie die Wahrheit aussehen mag, die Gott dir,
dir allein, zeigen will.
Verlaß dich nicht auf das,
was du gelernt hast,
sondern sprich aus, was du selbst erkennst.
Gib der leisen Stimme in dir Raum
und finde durch sie dein eigenes Wort.
Und setze deine Erkenntnis um
für diese Stunde und diesen Tag.
Das Maß ist die Zukunft des Reiches Gottes.
Und die Zukunft hat ihren Anfang
in dieser Stunde."

72. Heraustreten

Jesus sagt – mit anderen Worten – so:
„Das alte Gesetz forderte:
‚Ihr sollt euch einfügen,
wo immer ihr den Willen Gottes erkennt!'
Ich aber sage euch:
Nicht einfügen sollt ihr euch,
sondern heraustreten aus dem,
was bisher galt.
Tut, was aussichtslos scheint.
Tut das Unerhörte, das Verwegene,
das Irreguläre, das Unwahrscheinliche.
Ihr werdet immer wieder in Gefahr sein,
als Außenseiter und Weltfremde zu gelten,
als politische oder religiöse Anarchisten
oder ganz einfach als Verrückte.
Aber ihr werdet die sein,
die das tun, was die Zukunft fordert
und Gott, der in der Zukunft begegnet.

Heraustreten in die freie Tat,
heraustreten aus dem, was alle sagen,
und eigene Schritte tun
mit aufrechtem Stand und aufrechtem Gang,
das ist der Weg in die Zukunft.

Das heißt nicht,
daß ihr das Vergangene verachten sollt
oder Traditionen einfach wegwerfen.
Woher wollt ihr wissen,
was ihr von euren eigenen Erfahrungen
halten sollt, wenn es nichts gibt,
an dem ihr sie messen könnt?

Stoßt die Vergangenheit nicht ab,
oder die Tradition. Sie ist kostbar.
Sie ist eine Stimme desselben Gottes,
dem ihr auch in euch selbst begegnet.
Aber laßt das Vergangene nicht zur Last werden,
die euch behindert oder erdrückt."

Hat Jesus nicht gesagt:
„Meine Last ist leicht?
Was ich euch zumute,
könnt ihr bewältigen?"
Heißt das nicht: Legt ab,
was euch belastet
und geht euren Weg als freie Menschen?

Beides gilt:
Bei Jesus wird das Leben schwerer
und leichter zugleich.
Es wird schwerer um die Hingabe,
möglicherweise um das Opfer.
Es wird leichter um die Sorge.
Es wird schwerer um die Freiheit
und leichter um den Zwang,
den die Vergangenheit ausübt.

Alles, was wir von Jesus lesen,
ist im Grunde eine Befreiung.
Denke an die Bergpredigt!
Schau zurück und sei dir klar darüber,
woher du kommst und wovon du geprägt bist.
Aber geh deinen Weg als ein Mensch,
der frei ist für seine eigene,
seine neue Begegnung mit Gott.

73. Loslassen

Geh dem entgegen,
was kommen will", sagt Jesus.
„Bereite das Kommende vor.
Gib ihm Raum.
Geh auf den kommenden Tag zu,
der bewältigt werden will,
der deine Kraft und Phantasie fordert
und nicht nur deinen Gehorsam.
Auf das Morgen, dessen Katastrophen
du vielleicht mit verhindern kannst.

Geh auf deinen Tod zu.
Er ist das Sicherste, das dir bevorsteht.
Und bedenke, was davor noch standhält
von dem, was dir wichtig ist.

Geh auf das Leben zu,
das deinem Tod folgt.
Ich meine nicht auf deine private
Sofaeckenruhe im Himmel,
sondern auf die neue Begegnung mit Gott
und auf alle neuen Aufträge,
die auf dich warten."

Aber das eben ist das Elend
unseres heutigen Christentums:
Wir sind, bestenfalls,
was unsere Väter waren, unsere Mütter,
unsere Lehrmeister und Vorbilder,
aber wir haben für unsere Kinder keine Wege,
wenn sich die Welt verändert hat
und die alten Wege nicht weiter führen.

Wir messen, was heute zu glauben ist,
an Dogmen aus grauer Vorzeit,
an Glaubensbekenntnissen einer fernen Epoche
und können keine Auskunft geben darüber,
was wir heute glauben.
Eine tiefe Depression liegt
über dem ganzen Christentum unserer Tage
und über dem Zwang,
was vergangen ist, zum Maß zu machen
für die Zukunft.

Aber wissen wir denn, was kommt?
Nein, wir ahnen es, bestenfalls.
Wir haben ungenaue Bilder davon.
Wir glauben es. Und wir wagen,
das Unsere zu tun.

Wenn wir aber das Unbekannte
der Zukunft ins Auge fassen,
wenn wir ins Offene gehen,
ins Unbegangene,
dann gibt Jesus uns eine Richtung an
in manchen seiner Geschichten,
die uns bis heute fremd sind und merkwürdig,
vor allem aber in jener großen Rede,
die wir gelesen haben, der Bergpredigt.
Die scheint uns bis heute eine Sache
für Außenseiter, für Weltfremde.
Aber mir scheint, in ihr sei mehr Realismus
als in vielem anderen,
das wir sonst kennen.

74. Gepäck ablegen

Einmal rief ihm einer zu:
„Meister, sage doch meinem Bruder,
er solle das Erbe mit mir teilen!"
„Mensch!" fuhr ihn Jesus an,
„wer hat mich zu deinem Notar gemacht?
Wenn du am Geld hängst,
dann kümmere dich selbst!"

Und er wandte sich an die Umstehenden:
„Ein vermögender Mann
hatte eine reiche Ernte eingebracht.
Da dachte er nach: ,Was soll ich tun?
Ich kann meine Frucht nicht unterbringen.
Ich will meine Scheunen abbrechen
und größere bauen.
In denen will ich mein Korn sammeln
und will zu mir sagen:
Liebe Seele! Sorge dich nicht!
Dein Vorrat reicht für viele Jahre.
Iß! Trink! Und sei guter Dinge.'

Aber Gott sprach zu ihm: ,Du Narr!
Heute nacht wirst du sterben.
Wem gehört dann dein Vorrat?'   *Lukas 12, 16–21*

Mach dich frei von dem, was dich hat.
Was du am hartnäckigsten festhältst,
das fesselt dein Herz.

Was ist wichtiger: der Weg oder das Gepäck?
Je schwerer das Gepäck,
desto kürzer wird der Weg sein,
den du bewältigst.

Wenn die Last zu schwer ist,
erreichst du am Ende nichts mehr.
Du verlierst am Ende alles, was du hast."

„Lege dein Gepäck ab", so höre ich Jesus.
„Alles, was du besitzt, ist Gepäck.
Wer reich ist, kann kaum anders,
als die zu wählen, die das Vergangene sichern,
die Konservativen, die Reaktionäre.
Er will sich auf verläßliche Gesetze stützen
und auf eine Staatsordnung,
die seinen Reichtum garantiert.

Das Geld ist nicht böse,
aber es kann Böses bewirken.
Es ist nichts als Silber oder Papier,
aber es bindet dein Herz.
Es schreibt dir deine Gedanken vor,
deine Gesinnungen, deine Pläne.

Wo dein Schatz ist, da ist dein Herz.   *Mattäus 6, 21*
Ist dein Schatz das Geld, dann liegt er
auf der Bank oder auf der Börse.
Geld verlangt von dir,
daß du auf dein Recht pochst
und daß du dir Sicherheiten schaffst,
die es nicht gibt.

Aber in die Zukunft, in das Kommende,
kannst du nicht mehr frei blicken.
Der Augenblick hält dich fest.
Frei für die Zukunft bist du in dem Maß,
in dem du verstehst,
Gepäck abzulegen."

75. Die Zeichen der Zeit sehen

Eines Tages kamen die Hüter
der Überlieferungen, die Maßgebenden,
die für die öffentliche Ordnung zuständig waren
und fürchteten, durch Jesus und die Seinen
werde es zu einem Umsturz kommen.

Die sagten: „Wenn du von Gott kommst,
wie du behauptest,
wenn du das Reich Gottes bringst,
wie du meinst,
dann müssen dir Kräfte zu Gebote stehen,
die größer sind als die von Menschen.
Dann kannst du Regen vom Himmel fallen
oder Steine zum Himmel fliegen lassen,
den Mond verfinstern oder sonst etwas.
Zeige, was du kannst. Vor allem:
Deute uns die Zeichen der Zeit,
die Zeichen dessen, was kommt."

Jesus gab zur Antwort:
„Die Zeichen der Zeit geschehen
vor euren Augen, und ihr seht sie nicht.
Abends sprecht ihr:
‚Es wird ein schöner Tag werden,
denn der Himmel ist rot.'
Morgens sagt ihr:
‚Es wird ein Regen kommen,
denn der Himmel ist rot und trübe.'

Die Zeichen der Zeit sind überall sichtbar.
Warum könnt ihr über das Wetter urteilen,
aber nicht über die Zeichen der Zeit?"

Matthäus 16, 1–3

Es gibt auch eine Jesus-Anekdote,
die nicht ins Evangelium kam
und die bei Lukas nur am Rande auftaucht.
Die erzählt:
Einmal sah Jesus einen Mann,
der am Feiertag arbeitete, und sagte zu ihm:
„Mensch, wenn du weißt,
was du tust,
so bist du auf dem rechten Weg.
Wenn du es nicht weißt,
bist du ein Frevler am Gesetz."   *vgl. Lukas 6, 4–5*

Jesus will sagen:
„Wenn du einfach nur eine Ordnung mißachtest,
dann wirkt dein Tun zerstörend.
Und es ist kein Zeichen der Freiheit.

Wenn du aber verstehst,
die Zeichen der Zukunft vorwegzunehmen,
wenn du also weißt,
daß der Feiertag eines fernen Tages
aufgehoben sein wird wie alles,
was in dieser Welt gilt,
dann ist, was du tust,
ein Zeichen deiner Freiheit.
Wenn du in der Zukunft lebst,
in der auch der Feiertag
keinen Zwang mehr ausüben wird,
dann ist wahr und richtig, was du tust.

Du nimmst auf, was erst kommt.
Du nimmst es vorweg.
Was aber in der Zukunft gilt,
ist das gültige Maß."

76. Die Zukunft ist das Maß

Es ging alles wie immer.
Morgens wurde gearbeitet,
tagsüber lag man im Schatten.
An einem solchen normalen Tag,
an dem die Zeit stehen zu bleiben schien,
kam Jesus in ein Dorf
und redete von einer fernen Zukunft.

„Denkt euch: Es war ein Mann,
der wollte ein Fest feiern.
Er kaufte ein Faß Wein, schlachtete und briet,
und die Frauen buken.
Er schmückte sein Haus und lud viele Gäste ein.
Die aber wußten alle etwas Wichtigeres.
Der eine kaufte eben einen Acker,
der andere mußte auf den Viehmarkt,
der dritte bereitete seine Hochzeit vor.
Da schickte der Mann in seiner Enttäuschung
nach den Armen, den Behinderten,
den Nichtseßhaften und lud sie alle ein.
Und sein Haus wurde voll.
Die aber, denen anderes wichtiger gewesen war,
wurden nicht mehr eingeladen."   *Lukas 14, 16–23*

„Geschieht ihm recht", fanden die Leute.
„Selbst schuld, man kann fleißige Leute
nicht einfach von der Arbeit abhalten."

Aber Jesus sprach von jenem Fest,
das Gott am Ende der Tage
mit den Menschen feiern wird.
Von dem Fest, an dem die Rätsel sich lösen
und die Tränen getrocknet werden.
Von dem Fest der Gottesnähe.

„Laß dich einladen und komm.
Die Gefahr ist groß, daß du das Fest verfehlst."

Aber was bedeutet das, das Fest verfehlen?
„Schaut euch um", sagt Jesus.
„Die Fischer drüben auf dem See
werfen ihre Schleppnetze ins Wasser
und fangen viele Arten von Fischen.
Wenn das Netz voll ist,
ziehen sie es ans Ufer, setzen sich
und lesen die brauchbaren in den Bottich,
die unbrauchbaren werfen sie weg.

Am Ende deines Lebens, am Ende der Zeit,
wird man über den Ertrag urteilen,
den deine Lebenszeit auf dieser Erde gebracht hat.
Die Engel gehen aus und trennen zwischen dem,
was du geworden bist,
und dem, was wertlos blieb an dir.
Das Kind Gottes in dir werden sie retten,
den Rest werden sie wegwerfen.
Habt ihr das verstanden?"
Und die Leute antworteten: „Ja."   *Mattäus 13, 44–50*

Geh also in die Zukunft,
nicht ängstlich oder widerwillig,
sondern mit der ganzen Kraft deines Herzens.
Die Zukunft wird zeigen,
was in dir gewachsen ist —
erinnere dich: Du bist der Acker! —
und was gewachsen ist um dich her
und durch dich.

77. Dem Ende vertrauen

Eines Tages, so stelle ich mir vor,
stand Jesus mit seinen Begleitern
auf dem Ölberg gegenüber dem Tempelberg,
von wo man hinuntersieht in das Hinnomtal.
Und er redete zu ihnen von dem,
was er da sah.
Im Tempel sah er den Rauch
eines festlichen Opfers aufsteigen.
Unten im Tal war der Feuerplatz,
wo man die Abfälle verbrannte,
immer bedeckt von Rauchschwaden.
Oben die festlichen Rituale,
unten die Verbrennung des Abfalls.

Da redete er von der Scheidung
der Menschen am Ende der Zeit und sagte:
„Wenn deine Hand dich zur Gottlosigkeit verführt,
so haue sie ab. Es ist besser für dich,
verkrüppelt ins Leben einzugehen,
als zwei Hände zu haben
und in die Hölle zu fahren,
in der der Drache nicht stirbt
und das Feuer nicht verlöscht."   Markus 9, 43.48

Dieses Bild von dem nie verlöschenden Feuer
und von dem Drachen, der nicht stirbt,
hat die Christenheit dazu verführt,
sich eine ewige Höllenstrafe vorzustellen,
in der die Sünder unvorstellbare Schmerzen
ohne Ende zu erleiden hätten.
Aber was meint das Bild vom „ewigen" Feuer?

Wer ins Hinnomtal schaute, sah es.
In Jerusalem wußte jeder, was ein Feuer ist,
das nicht verlöscht.
Im engen Tal an der Südseite der Stadt
war die Müllkippe.
Alle Abfälle, auch die Reste
der unzähligen Tiere,
die im Tempel geopfert wurden,
brachte man dort hinunter
und verbrannte sie in dem Feuer,
das glühte oder brannte, einmal groß und hell,
ein andermal verborgen unter der Asche.
Das Feuer hatte den Sinn,
die Stadt von Unrat freizuhalten.
Der arabische Name dieses Tals
ist heute noch „Feuertal".
Die Hölle aber nennt der Araber
Gehenna, das heißt „Tal Hinnom".

Der Sinn dieses Bildes vom ewigen Feuer
ist also: Am Ende der Welt
wird man wegwerfen, was nichts wert ist.
Man wird verbrennen,
was ohnedies verfault ist,
unbrauchbar oder gefährlich.
Das Feuer schafft den Abfall aus der Welt.

Dieses Feuer, so sagt das Gleichnis,
brenne unauslöschlich.
Es sagt nicht,
die Qual der Verdammten währe ewig.
Wir müssen das endlich verstehen.

78. Ewige Verdammnis? Nein.

Noch einmal zu dem Wort,
von dem ich meine, Jesus könnte es
angesichts des Tals Hinnom gesagt haben.
Das Wort von der Feuerhölle.

In diesem Tal war in früheren Zeiten
ein eiserner Ofen
in der Gestalt eines Drachen
oder einer Schlange.
Er stand da für einen alten Gott
oder eine Göttin, der man Kinder opferte.
Man heizte ihn, und wenn er glühte,
warf man die Kinder in sein Maul.
Vielleicht stand er noch zu Zeiten von Jesus dort,
vielleicht als Teil der Müllverbrennungsanlage
im Tal Hinnom.
Das ist der „Drache, der nicht stirbt".

Und so kam es unter Christen
zu der Vorstellung von der ewigen Hölle
und von dem nie sterbenden Teufel,
dem die Verdammten übergeben werden.
Aber wir müssen endlich verstehen,
daß Jesus nicht das Jenseits beschreibt,
sondern es nur in Gleichnissen andeutet,
die er in seinem Lebensumkreis vorfindet.

Nein, eine ewige Hölle stelle ich mir nicht vor.
Ich kann mir Gott nicht denken,
wie er Milliarden Menschen
aus dem Tode noch einmal erweckt
zu dem einzigen Zweck,
sie – mit wenigen Ausnahmen –
in eine ewige Hölle zu stoßen.

Was ein Mensch tun oder lassen konnte,
ist klein und eng begrenzt;
eine Strafe, die Ewigkeiten andauert,
kann nicht angemessen sein.

Ich kann mir wohl vorstellen,
daß wir dem Nichts anheimfallen,
wenn sich zeigt, wie wertlos
das war, was wir unser Leben nannten.
Aber ich kann mir nicht denken,
daß am Ende der Weltgeschichte
alles erstarrt in eine Hölle hier
und einen Himmel dort.

Ist Gott denn nur der Gott
der einen Hälfte der Welt?
Regiert in der anderen der Teufel
als ewiger Gegengott?

Nein, ich glaube, daß Gott am Ende,
wie Paulus sagt, alles in allem sein wird.

1. Korinther 15, 28

Daß auch die bösesten Menschen
am Ende eine Befreiung erleben werden
aus ihrer schuldbeladenen Lebensgeschichte.
Ich glaube auch, daß der,
den wir den „Satan" nennen,
am Ende unter die Kinder Gottes
heimkehren wird und sich zeigt,
daß auch er nichts war
als ein Geschöpf im Schatten Gottes
oder der Schatten Gottes selbst.

Es wird Zeit, die Angst abzulegen,
die lange genug die Menschen erfüllt hat,
und mit Vertrauen in die Zukunft zu sehen.

79. Sehen und Nicht-sehen

Auch eine andere Geschichte erzählt Jesus nicht,
um die Zukunft zu beschreiben,
sondern um eine Entscheidung herauszufordern.
Die Geschichte meint nicht,
was nach unserem Tode geschehen wird,
sondern zeigt den richtigen Weg für heute.
Wissen wir denn immer noch nicht,
was ein Gleichnis ist?

„Stellt euch vor", sagt Jesus,
„ich stünde eines Tages als Weltenrichter vor euch.
Ich messe also eure Taten
und fälle das Urteil.
Nach welchem Maß werde ich messen?

Stellt euch vor, ich stelle die,
die dem Maß gerecht werden, nach rechts,
die anderen nach links.
Dann sage ich zu denen zu meiner Rechten:
,Kommt! Kommt zum Fest!
Denn ich war hungrig,
und ihr habt mir zu essen gegeben.
Ich war durstig, und ihr habt mich getränkt.
Ich war heimatlos,
und ihr habt mich aufgenommen.
Ich stand nackt in der Kälte,
und ihr habt mir Kleider gegeben.
Ich war krank,
und ihr habt mich besucht.
Ich war eingekerkert,
und ihr seid zu mir gekommen.'

Wenn ich so sprechen werde,
werden mir die Gerechten antworten:

‚Wir erinnern uns nicht!
Wann haben wir dich hungrig gesehen
oder durstig oder heimatlos?
Als Asylanten oder Nichtseßhaften
und haben uns um dich gekümmert?'

Dann werde ich ihnen antworten:
‚Das ist wahr und bleibt gültig:
Was ihr einem unter meinen Geschwistern,
einem der Ärmsten, getan habt,
das habt ihr mir getan.
Denn in ihm begegnet euch Gott.'

Dann werde ich sagen
zu denen zu meiner Linken:
‚Geht mir aus den Augen!
Ich war hungrig und durstig,
und es hat euch nicht gekümmert.
Ich war heimatlos,
und ihr habt mich von eurer Tür gewiesen.
Ich fror, und ihr habt mir keine Kleider gegeben.
Ich war krank und im Gefängnis,
und ihr habt mich nicht besucht.'

Dann werden sie antworten:
‚Das ist nicht wahr!
Wir haben dich nie gesehen!'
Und ich werde antworten: ‚Genau das ist es!
Ihr habe mich nie gesehen
in meinen ärmsten Schwestern und Brüdern.
Denn was ihr einem von den Ärmsten
verweigert habt, das habt ihr mir verweigert.

Was ihr aber an den Ärmsten tut,
ist für Zeit und Ewigkeit das Maß.'"   *Mattäus 25, 31–46*

VII
Übe ein, was schwer ist

80. Auf Zustimmung verzichten

Ein freier Mensch sein, wie Jesus ihn zeigt,
wer kann das?
Unbekümmert um Widerstände, um Folgen?
Wer bringt es zuwege,
so von sich abzusehen?
Es gibt aus der Lebensgeschichte
des Mannes aus Nazaret
einen Bericht, der nicht nur erzählt,
was ihm selbst widerfahren ist,
sondern auch, was uns auf dem Weg,
den er vorzeichnet, widerfahren kann.

Dieser Bericht ist für uns eine Art Übungsfeld,
auf dem alles abgesteckt ist,
was wir gewinnen oder ablegen müssen,
um freie Menschen zu sein.
Frei vor allem von Wünschen,
etwa dem Wunsch nach Zustimmung und Ansehen,
dem Wunsch nach Freiheit und Recht,
nach leiblicher Unversehrtheit,
nach Bewahrung unseres Lebens.
Es ist die Geschichte des Leidens und Sterbens,
die uns von Jesus berichtet ist.

Früh zeichnete sich ab,
daß Jesus nicht nur Zustimmung fand,
sondern auch Ablehnung und Feindschaft.
Bei seinem ersten Gottesdienst in Nazaret
sagte Jesus: „Ihr fordert Wunder von mir.
Aber ein Prophet, der es ernst meint,
kann nichts gelten in seiner Heimat.
Kann er denn seine Heimat
mit besonderen Wundern bedienen?

Es gab viele Leprakranke in Israel
zur Zeit des Propheten Elisa,
aber nur ein einziger wurde geheilt,
und das war ein Ausländer."
Da stießen sie ihn zur Stadt hinaus
auf einen hohen Felsen
und wollten ihn hinabstürzen.
Er aber ging mitten durch sie weg
und setzte seine Wanderung fort.   *Lukas 4, 23–30*

Eines Tages, es war jenseits des Sees,
suchten die Tausende nach Jesus.
Auf den Bergen und am Ufer
suchten sie und auf den Schiffen.
Er hatte ihnen Brot gegeben.
Sie waren begeistert.
Sie jubelten ihm zu:
„Sei unser König! Du hast Brot!"
Sie wollten ihn an die Macht binden,
an ihre Wünsche und Träume.
Der Brotgeber sollte er sein.

Aber Jesus entzog sich.
Er ging weg,
und niemand wußte, wohin.   *Johannes 6, 14–15*
Sie waren enttäuscht.
So antwortete ihm der Haß.
Er war der Bruder der Menschen, nicht ihr König.
Er war selbst das Brot.
Aber wer konnte das verstehen?

Mißverständnisse zu ertragen,
ohne bitter zu werden,
gehört wohl zu den Übungen,
die uns von Jesus aufgegeben sind.

81. Klarsehen

Daß der Mann aus Nazaret
sein Ziel, die Sammlung seines Volkes,
nicht erreichen würde, war früh deutlich.
Unter den kleinen Leuten war die Begeisterung groß,
unter den Mächtigen die Abneigung.
In den Dörfern wuchsen nicht nur sein Ruhm
und nicht nur sein Anhang,
sondern auch die Feindschaft der Etablierten.

Lukas 10, 13–16

Eines Tages deutete Jesus
seinen Begleitern gegenüber zum erstenmal an,
es gebe für ihn keinen Ausweg.
Er werde nach Jerusalem gehen.
Dort werde die Entscheidung fallen.
Er werde viel Qual und Leiden erfahren
unter dem Haß der Volksvertreter,
der Priester und der Rechtsgelehrten.
Er werde sterben und am dritten Tage
aus dem Tode auferstehen.

Da nahm ihn Petrus beiseite,
redete auf ihn ein und beschwor ihn:
„Herr, das verhüte Gott!
Das darf dir nicht zustoßen!"
Jesus aber fuhr Petrus an:
„Geh mir aus den Augen, du Satan!
Du bist mir im Weg!
Du suchst nicht, was Gott will,
du denkst wie ein Mensch."

Zu den übrigen gewandt fuhr er fort:
„Wenn jemand meinen Weg gehen will,
dann sehe er von seinem eigenen Leben ab.

Er nehme den Kreuzbalken auf die Schulter,
an den sie ihn hängen werden,
und folge mir.
Wer sein Leben retten will,
wird es verlieren.
Wer sein Leben aber hingibt,
weil er mir angehört, wird es finden."

Mattäus 16, 21–25

Man hat immer wieder vermutet,
diese Leidensankündigungen
seien ihm hinterher, nach seinem Tode,
in den Mund gelegt worden.
Aber Jesus müßte blind gewesen sein,
unbegreiflich blind,
hätte er dies nicht vorausgesehen,
wäre er sich über die Konsequenzen
seiner Reden nicht im Klaren gewesen.
Er sagte Dinge, die man ihm anrechnen konnte
als Verbrechen gegen den Staat.
Er sagte andere Dinge, die als Verrat
an seinem jüdischen Volk ausgelegt werden konnten.
Er sagte fromme Dinge,
die jeder Jude akzeptierte,
und unerträglich fremde,
die keiner verstand.
Er saß zwischen allen Stühlen.
Daß am Ende der Tod stehen würde, war früh klar.
Es war kinderleicht,
ihn unter Vorspiegelung eines Staatsverbrechens
an die Römer und ihre Justiz auszuliefern.

Nein, diese Worte sind Originalton Jesus.

82. Sich verschwenden

In seinen letzten Tagen
war Jesus bei einem Freund zu Gast.
Da kam eine Frau herein,
ein Glas kostbaren Öls in der Hand,
teure Narde, wie man sie an den Königshöfen
verschwendete, während das Volk hungerte.
Sie goß es über seinem Haupt aus,
und der Duft der Narde füllte den Raum.

Da knurrte es von allen Seiten.
„Was soll der Unfug?
Das hätte den Armen mehr genützt,
hätte man es verkauft!"

Aber Jesus nahm sie in Schutz:
„Was macht ihr der Frau das Herz schwer?
Was sie getan hat, ist schön.
Von Armen seid ihr immer umgeben,
mich aber habt ihr nur noch kurze Zeit.
Sie hat mich gesalbt,
um auf mein Begräbnis vorauszudeuten.
Ihre Kraft liegt in ihrer Verschwendung.
Ich sage euch: Wo und wann immer
man in der Welt davon sprechen wird,
daß ich starb, um der Welt das Leben zu eröffnen,
wird man auch über das reden,
was sie jetzt getan hat,
und wird es als Zeichen ihrer Liebe ehren."

Markus 14, 3–9

„Übe das ein", so höre ich Jesus:
„Liebe muß verschwendet werden."
Mit all dem deutet Jesus an:

„Mein Weg ist das Leiden.
Nicht die Selbstaufgabe aus Mattigkeit,
sondern das bewußte, gewollte Leiden,
durch das sich in dieser Welt etwas ändert.

Wenn du andere lieben willst,
mußt du dich verschwenden.
Das ist leicht, wenn du geliebt bist.
Ich gebe dir meine Liebe,
damit du sie weitergeben kannst
und zur Liebe fähig werden.

Gelingt dir das, so kannst du glauben,
ins Nichts treten,
abspringen von dir selbst.
Frei werden. Endlich frei.
Aber festgehalten von der Liebe Gottes
über dem Abgrund.

Gib deine Chancen preis.
Dein Recht. Dein Ansehen.
Werde geringer, bis du am Ende
auf dem letzten Platz stehst.
Vielleicht bleibt am Ende
nur der Verbrecher übrig,
der Volksverräter, der Schädling,
dem recht geschieht. Der Verlassene,
der selbst schuld ist. Das Opfer.“
Das „Lamm“, sagt Jesus.

Jede Schuld büßt irgendwer.
Übe dich in das Schicksal ein,
ein Sündenbock zu sein,
ein Verbrecher aus Liebe,
ein Stellvertreter in Sachen „Schuld“.

83. Gegen den Trend stehen

Kurz vor Jerusalem
kamen Jesus und seine Jünger
über den Ölberg,
Jesus auf einem Esel reitend.
Die aber zum Osterfest pilgerten,
die Massen, die ihn begleiteten,
breiteten ihre Kleider auf die Straße
und streuten Zweige.
Sie lärmten vor Begeisterung:

„Gepriesen sei der König!
Heil und Segen für ihn
aus den Höhen des Himmels!"

Sie träumten von der Freiheit,
die der neue König ihnen geben würde.
Sie träumten vom Glanz der Macht,
von einem starken und siegreichen Staat.
Und niemand bemerkte,
wie sich die Mißverständnisse ausbreiteten.

Als er aber die Stadt vor sich sah,
weinte er über sie und klagte:
„Könntest du doch heute verstehen,
woher dein Friede kommt!
Aber du willst es nicht sehen.
Es wird eine Zeit kommen,
da werden dich deine Feinde
mit Wall und Graben einschließen
und von allen Seiten belagern."

Unter Tränen rief Jesus:
„Sie werden dich zusammenschlagen,
dich und deine Kinder

und werden keinen Stein
auf dem anderen lassen. Und warum?
Weil du die Stunde nicht begriffen hast,
in der Gott dich besuchen wollte."   *Mattäus 21, Lukas 19*
Vierzig Jahre später war es so weit.
Jerusalem war ein Trümmerhaufen.

Im Tempelvorhof drängten sich die Massen
zwischen den Tischen der Händler.
Sie wechselten ihr Geld,
denn viele kamen aus dem Ausland
als Pilger, als Touristen.
Wenn sie schon keinen Staat hatten
voll Glanz und Macht,
wollten sie doch einen glanzvollen Tempel
und berauschende religiöse Feste.
Dazu gehört, wir wissen es von unserem
Weihnachtsfest, der große Rummel.

Aber Jesus nahm eine Geißel
und trieb sie alle hinaus,
die Händler und die Geldwechsler.
Er stieß ihre Tische um und rief:
„Gott spricht: Mein Haus
ist eine Stätte des Gebets,
ihr aber macht eine Räuberhöhle daraus!"
                                        Mattäus 21, 12–13

Wer so das „gesunde Volksempfinden"
und die Heiligkeit von Priestern zugleich verletzt,
darf sich nicht wundern, wenn er
des religiösen Vandalismus angeklagt wird,
wenn ihm jedenfalls keiner mehr glaubt,
er wolle etwas für die „Religion" tun.

84. Die Situation klären

Jesus klärte sein Verhältnis
zum Tempel und den Priestern,
indem er sich in die lange Reihe
von Propheten stellte,
die in tausend Jahren
alle von Priestern umgebracht worden waren.
Und er tat das in Form von Geschichten.
Etwa dieser:

„Es war ein Gutsbesitzer
– ich rede von Gott –,
der legte einen Weinberg an
– ich rede vom Volk Israel –,
er grenzte ihn mit einem Zaun ab
– das heißt: er gab seinem Volk ein Gesetz –,
hob eine Kelter aus
und baute einen Turm hinein für die Wächter.
Dann beauftragte er einige Arbeiter,
den Weinberg zu bestellen
– ich rede von den Priestern am Tempel –
und begab sich auf eine Reise.
Als die Erntezeit kam,
sandte er seine Verwalter hinaus
– ich rede von den Propheten Gottes –,
sie sollten den Ertrag abholen.
Die Arbeiter aber packten die Verwalter,
schlugen den ersten mit Peitschen,
schlugen den zweiten tot
und bewarfen den dritten mit Steinen.
Da sandte der Besitzer andere,
und die Arbeiter taten mit ihnen dasselbe.
Zuletzt überlegte er sich:
‚Meinen Sohn werden sie nicht antasten!'

Und er schickte seinen Sohn
– ich rede von mir selbst.
Als die Arbeiter den Sohn sahen, sagten sie:
,Das ist der Erbe! Wenn wir den töten,
gehört der ganze Besitz uns!'
Sie griffen den Sohn,
stießen ihn aus dem Weinberg
und brachten ihn um. Was meint ihr?
Was wird der Besitzer des Weinbergs
mit den Verbrechern tun, wenn er kommt?"

„Er wird die Mörder auf schreckliche Art
umbringen!" meinten die Zuhörer.
„Er wird den Weinberg anderen übergeben,
die den Ertrag abliefern, wenn es Zeit ist."

Und Jesus fragte weiter:
„Habt ihr nie das Wort gelesen
von dem Stein,
den die Bauleute wegwarfen
– ich rede von mir –
und der zum Grundstein geworden ist?
Ich sage euch, den Priestern:
Gott hat euch das Vorrecht gegeben,
in seinem Auftrag zu wirken.
Er wird euch euer Amt nehmen
und es anderen geben,
die wissen, wem sie verantwortlich sind."

Die Priester aber und die Rechtsgelehrten
am Tempel hörten zu.
Sie hätten ihn gerne festgenommen,
aber sie wagten es nicht,
denn viele im Volk
hielten ihn für einen Propheten.   *Mattäus 21, 33–46*

85. Als Saatkorn dienen

Und Jesus redete weiter
in den Hallen am Tempel
und ging mit den Autoritäten,
die dort amtierten, hart ins Gericht:

„Gott hat uns den Mose gegeben,
den Lehrer des Glaubens.
Aber auf seinem Stuhl sitzen heute
die Lehrer der heiligen Schriften,
die Hüter frommer Traditionen.
Ihre Worte sind richtig.
Was sie euch sagen, das hört!
Das nehmt ernst und lebt danach!
Was sie aber selbst tun,
davor hütet euch gründlich!

Mit Vorliebe nehmen sie Ehrenplätze ein
in den Gottesdiensten.
Sie schätzen es sehr,
wenn die Leute sie ehrfürchtig grüßen,
während sie über den Marktplatz schreiten,
und sie anreden mit ‚ehrwürdiger Herr‘
oder ‚verehrter Meister‘.
Ihr aber sollt euch nicht
‚Hochwürden‘ nennen lassen oder ‚Exzellenz‘,
denn ihr seid alle Brüder.
Auch einen ‚Vater‘ sollt ihr niemanden nennen,
denn einer ist euer Vater, Gott selbst.
Schluß also mit dem devoten Geplapper!
Ich suche den brüderlichen Geist,
den schwesterlichen,
und das Ende aller Hierarchie!"   *Mattäus 23*

Kein Wunder: Die Hierarchie schlug zurück.

Während Jesus im Tempel
seine Kampfreden hielt,
tat sich plötzlich eine ganz andere Tür auf.
Einige Griechen, Gäste des Festes,
wandten sich an die Jünger:
„Wir interessieren uns für Jesus.
Könnt ihr uns ein Gespräch vermitteln?"

Wenn die Juden nicht wollten –
war dann der Weg ins Ausland,
in den griechischen Kulturraum,
nicht eine von Gott eröffnete Chance?
Frei wirken können
im weiten Raum des römischen Reichs?

Aber Jesus wehrte ab.
Er verwies die Griechen auf eine Weisheit,
die sie aus ihrer eigenen Tradition,
den Demetermysterien, kannten:

„Wenn das Weizenkorn
nicht in die Erde fällt und stirbt,
kann es nur verbraucht werden.
Wenn es dagegen stirbt,
schafft es Frucht.
Wer sein Leben für so wertvoll hält,
daß er es erhalten will,
wird es verlieren.
Und wer mir zugehören will,
der gehe den Weg, den ich jetzt gehe."

Johannes 12, 20–25

86. Klarheit schaffen

In Rom regierten die Kaiser, damals
vor zweitausend Jahren,
zum Beispiel Augustus oder Tiberius.
Und was hier erzählt wird,
spielt um das Jahr 30 herum.
In Palästina herrschten die Gouverneure,
zum Beispiel Pontius Pilatus.
In Jerusalem, am Tempel,
amtierten die Priester der Juden,
Hannas, Kaiphas und andere.

Und weiter redete Jesus zu denen,
die vom Tempel aus zuhörten:

„Unheil über euch,
ihr Sonntagsredner!
Ihr baut den Propheten Denkmäler
und verziert die Gräber der Gerechten
und sprecht: ‚Wäre es nach uns gegangen
zu den Zeiten unserer Väter,
wir hätten nicht mitgemordet
bei ihren Verbrechen an den Propheten!'
So zeigt ihr selbst,
daß ihr Söhne seid von Prophetenmördern.
Auf denn! Zeigt, daß ihr könnt,
was eure Väter konnten!
Was gilt die Probe?
Gott sendet euch Propheten und Weise.
Die einen werdet ihr erschlagen,
andere kreuzigen,
wieder andere peitschen
in den Gemeindehäusern
und sie verfolgen von Stadt zu Stadt."

Und Jesus redete von der Zerstörung
der Stadt Jerusalem,
die sich in dem späteren Krieg ereignete,
dem Aufstand gegen die Römer:

„Ihr Leute von Jerusalem!
Ihr tötet eure Propheten!
Ihr steinigt, ·
die Gott zu euch sendet.

Tut die Augen auf! Schaut zum Himmel!
Der römische Adler kreist über der Stadt,
bereit, herabzustürzen.
Ich habe euch gezeigt,
wie ihr unbedroht leben könnt,
geschützt vor seinem Angriff.
Ich habe euch Wege zum Frieden gezeigt,
ihr aber wollt von euren Träumen nicht lassen.
Wie oft wollte ich euch sammeln,
wie eine Henne ihre Küken
unter ihren Flügeln birgt vor dem Raubvogel,
und ihr habt nicht gewollt.

Schaut in die Zukunft!
Schaut die Trümmer eurer Stadt!
Verlassen und zerstört
liegt der heilige Tempel."

Und Jesus ging — für immer —
aus dem Tempel hinaus.   *Mattäus 23, 37–38*

87. Sich opfern

Am ersten Tag des Passafestes
kamen die Jünger zu Jesus und fragten:
„Wo sollen wir das Passamahl herrichten?"
„Geht in die Stadt", antwortete er,
„zu dem und dem und bestellt ihm:
‚Der Meister läßt dir sagen:
die Stunde meines Todes ist nahe.
Laß uns bei dir das Passa feiern.'
Dann wird er euch einen Saal zeigen."
Und am Abend legte Jesus sich zu Tisch
und seine zwölf Jünger mit ihm.   *Mattäus 26, 17–20*

Ich stutze: Nur seine zwölf Jünger?
Waren bei den Mahlzeiten mit Jesus
nicht immer auch Frauen gewesen?
Sollten die Frauen, von denen es heißt,
sie seien mit Jesus bis nach Jerusalem gewandert
und sie hätten zuletzt
unter seinem Kreuz gestanden,
ausgeschlossen gewesen sein?
Wo blieb Maria Magdalena?
Wo Maria, die Mutter des Jakobus,
wo Salome und die anderen?

Ich werde den Verdacht nicht los,
die Berichterstatter hätten an dieser Stelle
ein wenig retouchiert,
nur ein klein wenig,
und gegen den Geist ihres Meisters
die Herrschaft der Männer wieder aufgerichtet,
der Männer als den alleinigen Empfängern
und Spendern des heiligen Mahls.

Während des Essens stand Jesus auf,
legte sein Obergewand ab
und band sich eine Schürze um.
Dann goß er Wasser in ein Becken
und fing an, den Jüngern die Füße zu waschen
und sie mit der Schürze zu trocken.   *Johannes 13, 4–5*

Und die Frauen?
Hat Jesus den Frauen die Füße
nicht gewaschen?
Ich kann mir keinen Grund denken,
der dagegen spräche.
Sollten die Frauen kein Teil haben
an seinem erlösenden Tun?

In jener Nacht nahm Jesus das Brot,
dankte, brach es und sprach:
„Nehmt und eßt. Das ist mein Leib,
den ich für euch hingebe.
Tut das künftig zu meinem Gedächtnis."
Danach nahm er den Kelch und sprach:
„Dieser Kelch steht für die neue Gemeinschaft
zwischen Gott und euch.
Wenn ich mein Blut vergieße,
wird sie gestiftet.
Trinkt so künftig zu meinem Gedächtnis."
                                        Lukas 23, 19–20

Und so reichen wir einander bis heute
Brot und Wein.
Im Geben und Empfangen
wird beides zu einem Zeichen des Heils
und des Friedens.

88. Den Geist erwarten

Und Jesus redete an jenem Abend
zu den Jüngern und Jüngerinnen:

„Wenn ich gegangen sein werde,
wird Gott euch einen Beistand senden:
den heiligen Geist.
Dann wird euch klar sein,
daß ich um euch her bin und in euch.

Und so bleibt euch mein Friede.
Ich habe ihn euch gegeben
und werde ihn wiederbringen.
Was ich euch gebe, ist freilich anders,
als was ihr von irgend jemand
in dieser Welt empfangen könntet.
Euer Herz erschrecke nicht
und fürchte sich nicht.   *Johannes 14, 1–27*

Nicht ihr habt mich
zu eurem Freund erwählt,
sondern ich habe euch erwählt
und zu meinen Freunden gemacht.
Und so soll aus eurer Arbeit
eine Frucht wachsen,
die für die Ewigkeit vorhält.   *Johannes 15, 16*

Ich bin der Weinstock, ihr seid die Reben.
Wer an mir bleibt, in wem ich wirke,
der bringt reiche Frucht.
Eine Rebe kann keine Frucht tragen,
wenn sie nicht am Weinstock
festgewachsen bleibt.

Euer Auftrag ist: glauben,
nach Gottes Willen leben
und so Frucht tragen.
So seid ihr meine Freunde.
So können die Menschen begreifen,
wer Gott ist,
und anfangen, an ihn zu glauben.   *Johannes 15, 1–8*

Es ist nur noch eine kurze Zeit,
dann werdet ihr mich nicht mehr sehen.
Aber danach ist es
wieder nur eine kurze Zeit,
dann werdet ihr mich sehen.

Ihr werdet verzweifelt sein und klagen.
Unsere Feinde werden sich freuen.
Ihr werdet weinen,
aber euer Weinen
wird in Freude umschlagen.

Eine Frau, die ein Kind zur Welt bringt,
hat Schmerzen und muß sie annehmen.
Denn ihre Stunde ist da,
und sie kann ihr nicht ausweichen.
Wenn sie aber ihr Kind geboren hat,
denkt sie nicht mehr
an ihre Angst und Qual,
sondern ist glücklich,
daß ihr Kind zur Welt gekommen ist.

Ihr seid jetzt traurig,
aber ich werde euch wiedersehen,
und euer Herz wird sich freuen.
Und niemand soll euch eure Freude
jemals wieder nehmen."   *Johannes 16, 16–22*

89. Seinen Willen hingeben

Nach dem Mahl gingen sie hinaus
in die Nacht, auf die Straßen,
in denen die Tempelpolizei nach Jesus fahndete.
Sie gingen hinunter ins Kidrontal
und an den Ölberg, zu einem Gehöft,
das in einem Garten lag
und Gethsemane hieß,
das heißt Ölkelter.

Dort wandte sich Jesus an die Jünger:
„Setzt euch hier.
Ich will dort drüben beten."
Und er nahm Petrus, Jakobus und Johannes
mit sich und fing an, zu trauern und zu zagen:
„Ich weiß nicht mehr ein noch aus.
Der Tod greift nach mir.
Bleibt hier und wacht mit mir."

Dann ging er ein paar Schritte weiter,
warf sich auf die Erde und betete:
„Mein Vater, wenn es möglich ist,
laß das Entsetzliche an mir vorübergehen!
Aber nicht, wie ich will,
sondern wie du willst."
Und noch einmal:
„Mein Vater, wenn es keinen Ausweg gibt,
soll dein Wille geschehen."   *Mattäus 26, 36−42*

Das letzte Wort jener Rede
oben im Saal des Abendmahls
hatte gelautet: „In der Welt habt ihr Angst,
aber ihr seid ungefährdet,
ich habe die Welt überwunden."   *Johannes 16, 33*

Daß Jesus Angst hatte,
ist selbstverständlich.
Er hätte kein Mensch sein dürfen,
hätte er sich nicht vor der Geißelung
mit der neunschwänzigen Katze gefürchtet
und vor dem Tod durch Kreuzigung.

Aber gegen die eigene Angst
fügte er sich dem rätselhaften Willen Gottes.
Denn das ist die Frage für jeden von uns,
ob es im Falle von Gefahr und Tod
einen großen, alles umfassenden Willen gibt,
der sich in unserem Schicksal auswirkt.
Wo aber unser Wille sich hingibt,
geschieht das eigentlich Befreiende:
Da wird aus dem dunklen Gott
der Vater, den Jesus im Garten anspricht.

Es geht nicht um Heldentum.
Das Heldentum bestand zu allen Zeiten
vorwiegend aus Legenden.
Seit Jesus ist es ehrenhaft,
sich zu ängstigen und dennoch
sein Geschick zu bejahen.
Seine Angst zeigte seine Menschlichkeit,
und sie wird das Zeichen sein,
an dem die, die sich ängstigen,
unsere Menschlichkeit erkennen.

Das also wäre einzuüben:
Daß nicht unser Wille das Maß gibt,
sondern der Wille Gottes.
Und daß der Weg aus der Angst der ist,
den Willen Gottes zu wollen
statt des unseren.

90. Freiheit abgeben

Danach drang eine Abteilung
der Tempelpolizei in den Garten ein.
Die umstellte Jesus, nahm ihn fest
und fesselte ihn.
Zu den Männern sagte Jesus:
„Ihr kommt mit Schwertern und Spießen,
als suchtet ihr einen Mörder.
Saß ich nicht täglich oben im Tempel
und habe öffentlich geredet,
und niemand hatte den Mut,
mich festzunehmen?
Aber das ist eure Stunde.
Es ist die Stunde,
in der die Finsternis die Macht hat."
Da verließen ihn alle Jünger und flohen.

Mattäus 26, 47.55–56

Wer hat nun die Macht?
Das Wort von der Macht der Finsternis
ist das dunkelste Wort jener Geschichte.
Ist Gott plötzlich aus dem Spiel?
Und wer ist das, diese Macht der Finsternis?
Eben hatte Jesus gesagt:
„Es geschehe dein Wille."
Aber wer bestimmte diese Stunde,
Gottes Wille oder die Finsternis?

Jesus war klar,
daß er der Macht der Finsternis,
deren ausführende Organe
ihm in der Nacht entgegenkamen,
nichts entgegensetzen konnte,
außer mit dem Vater zusammen.

So wurde er nicht nur von der Tempelpolizei
gefangen und gebunden,
er war es zuvor schon
durch den Willen Gottes.
Er konnte seine Freiheit hergeben
und blieb doch der Freie,
der seinen, seinen eigenen,
seinen ihm gemäßen Weg ging.

Irgendwann im Lauf unseres Lebens
geben wir unsere Freiheit ab.
Irgendwann begreifen wir,
daß alles, was uns gelingen soll,
mit der Hergabe irgendeiner Freiheit zu tun hat.
Und daß, so merkwürdig es klingt,
dort die eigentliche Freiheit nicht verloren geht,
wo sie willigen Herzens abgegeben wird.

Das wäre also einzuüben:
Die Freiheit, hochgerühmt
als Grundrecht eines jeden,
Zeichen des aufrechten Menschen,
ohne das er nicht bleiben kann,
was er ist: ein Mensch,
kann abgefordert werden.
Und indem einer willig
auf sie verzichtet,
kann er die eigentliche Freiheit erreichen.
Er bleibt mit sich eins,
wenn er als der seiner Freiheit Beraubte
in Gottes Willen steht.

91. Auf keinem Recht bestehen

Danach brachten sie Jesus
zu dem Hohenpriester Kaiphas,
wo die Rechtsgelehrten und die Ältesten
sich versammelt hatten.
Der Hohepriester aber und der ganze Rat
suchten eine falsche Aussage gegen Jesus,
aufgrund derer sie ihn töten könnten.
Und obwohl viele falsche Zeugen auftraten,
fanden sie doch nichts.
Zuletzt traten zwei vor und sprachen:
„Er hat gesagt:
Ich kann den Tempel Gottes abbrechen
und in drei Tagen aufbauen.“
Da stand der Hohepriester auf
und fragte Jesus:
„Antwortest du nichts auf das,
was diese zwei gegen dich aussagen?“
Aber Jesus schwieg.

Da sprach der Hohepriester:
„Ich stelle dich unter Eid
bei dem lebendigen Gott.
Sage uns, ob du der Christus bist,
der Sohn Gottes.“

Und Jesus antwortete:
„Du sagst es.“
Da zerriß der Hohepriester seine Kleider
zum Zeichen des Entsetzens
und rief: „Er hat Gott gelästert!
Wozu brauchen wir weitere Zeugen?
Was ist euer Urteil?“
Sie sprachen:
„Er ist des Todes schuldig.“

Da spuckten die Wachen,
die ihn festhielten,
und die Mitglieder des Rats
ihm ins Gesicht
und schlugen ihn mit Fäusten.
Einige aber verdeckten ihm die Augen,
schlugen in sein Gesicht und höhnten:
„Du bist doch ein Prophet!
Sage uns, wer ist es,
der dich eben schlug?"   *Mattäus 26, 57–68*

Es ging nicht um Recht
in jener Nacht. Nicht um Gerechtigkeit.
Die Verhandlung glich eher
einem Schauprozeß,
und das Urteil einem Justizmord.
Aber Jesus schwieg.
Es war sein großes Thema gewesen,
was denn Gerechtigkeit sei.

Aber das wäre einzuüben:
für Gerechtigkeit kämpfen,
aber nicht für das eigene Recht.
Die eigene Würde nicht bewahren wollen
gegen Spott und Haß.
Sich gleichstellen mit allen Wehrlosen,
allen Opfern menschlicher Willkür.

„Die Würde des Menschen ist unantastbar",
lesen wir in unserem Grundgesetz.
Die Würde des Christus blieb unangetastet
mitten in ihrer Zerstörung.

92. Für die Wahrheit stehen

Danach führten sie Jesus
an den Regierungssitz des Gouverneurs
Pontius Pilatus.
Es war früh am Morgen des Freitag.
Vor dem Haus blieben sie stehen,
weil sie vor dem Fest das Haus
keines Ungläubigen betreten durften.

Da kam Pilatus zu ihnen heraus
und fragte: „Was für eine Anklage
bringt ihr gegen diesen Menschen vor?"
Und: „Nehmt ihn doch selbst
und richtet ihn nach eurem Gesetz!"
Die Leute des Hohen Rates antworteten:
„Wir dürfen niemand töten."

Da ging Pilatus wieder in den Palast,
ließ Jesus vorführen und fragte ihn:
„Ist das wahr, daß du den Anspruch erhebst,
König der Juden zu sein?"
Jesus antwortete: „Fragst du das von dir aus,
oder haben es die anderen über mich gesagt?"
Pilatus: „So bist du mir gemeldet worden.
Was hast du getan?"

Jesus gab zur Antwort:
„Mein Königtum gehört nicht
dieser Welt an.
Gehörte es unter die Königreiche dieser Welt,
so würden meine Diener für mich kämpfen,
aber mein Reich ist nicht von dieser Welt."
Da fragte ihn Pilatus:
‚Also bis du doch ein König?"
Jesus erwiderte: „Du sagst es.

Ich bin ein König. Ich bin geboren
und in die Welt gekommen,
um für die Wahrheit zu zeugen.
Wer aus der Wahrheit ist,
der hört meine Stimme."

Da schloß Pilatus das Gespräch ab:
„Was ist schon Wahrheit?"   *Johannes 18, 28–38*

Das also wäre einzuüben:
Nach Wahrheit zu fragen.
Für Wahrheit einzutreten auch in Gefahr.
Denn die Wahrheit ist gefährdet in dieser Welt.
Einer deckt sie auf.
Zehn andere verstecken sie wieder.
Pilatus weiß, daß das Recht
auf der Seite der Wahrheit zu sein hat
und daß die Unwahrheit zu verfolgen ist.
Was er nicht begreift, ist,
daß hier einer Wahrheit in Anspruch nimmt,
ohne sein Recht einzufordern.
Offenbar, weil ihm die Wahrheit höher steht
als sein eigenes Recht.

Jesus nimmt das grauenvolle Urteil an,
ohne sich zu wehren,
und bleibt doch stehen als König der Wahrheit.
Und das wäre wohl zu lernen:
Nicht alles in dieser Welt muß geklärt sein.
Wo kein Ohr für die Wahrheit ist,
die Wahrheit nicht durchzusetzen,
wohl aber zu bezeugen.

93. Gewalt erleiden

Pilatus hatte an einem Todesurteil
zunächst kein Interesse.
Um aber den Priestern entgegenzukommen,
die Blut sehen wollten, befahl er,
man solle Jesus geißeln.
Und die Soldaten schlugen ihn zusammen
mit der neunschwänzigen Katze,
die dem Geschlagenen
das Fleisch von den Knochen riß.
Viele starben damals schon allein an der Geißelung.

Danach trieben die Soldaten ihren Spott mit ihm.
Sie setzten ihn auf einen Thron,
warfen ihm einen Purpurmantel um,
flochten eine Krone aus Dornen
und drückten sie ihm aufs Haupt.
In die rechte Hand
drückten sie ihm ein Rohr als Zepter,
warfen sich vor ihm auf die Knie
und riefen: „Heil dir, König der Juden!"
Sie spuckten ihm ins Gesicht,
nahmen das Rohr
und schlugen ihm damit aufs Haupt.   *Mattäus 27, 27–30*

Das wäre einzuüben:
Unerhört sensibel zu werden für alle Qual,
die Menschen Menschen bereiten.
Für alle körperlichen Verletzungen ihrer Würde,
für alles seelische Leiden.
Wer angesichts dessen, was heute
rund um die Welt Menschen angetan wird,
nicht wach wird,
hat die Passion des Jesus von Nazaret
nicht zur Kenntnis genommen.

Schließlich kam Pilatus heraus
auf die Plattform vor seinem Amtssitz,
führte Jesus heraus,
der immer noch die Dornenkrone trug
und den Purpurmantel,
und stellte ihn den Versammelten vor.

Und Pilatus rief:
„Bitte! Ich führe ihn euch vor,
damit ihr seht: das reicht.
Ich finde kein Todesurteil angemessen.
Seht! Ist das nicht ein Mensch?"
Aber sie schrieen alle zusammen:
„Kreuzige ihn!"   *Johannes 19, 4–6*

Das wäre zu lernen:
Nicht der schöne und starke Mensch
ist am meisten Mensch,
sondern der, der an die Grenze kam.
Und wenn unsere eigene Gestalt
ihre Schönheit und Jugendlichkeit verliert
und wir unansehnlich werden
in den Augen der Menschen,
dann ist das unser Weg aus der Verzweiflung:
jene leidende Gestalt anzuschauen,
jene schrecklich entstellte,
in der uns nicht nur ein Mensch begegnet,
wie Pilatus ahnt,
sondern in der uns vor allem
Gott anspricht.

94. Trauern

Als sie Jesus hinausführten,
dorthin, wo die Pfähle standen,
an denen die Verurteilten gekreuzigt wurden,
gab man ihm den Querbalken zu tragen,
der an einem der Pfähle
befestigt werden sollte,
und an dem man die Angenagelten hochzog.

Aber er konnte den Querbalken nicht tragen.
Da ergriffen sie einen Mann,
der eben vom Feld kam,
Simon aus Kyrene, und zwangen ihn,
für Jesus den Balken hinauszutragen
zum Hügel der Totenköpfe.
Schrien ihn an: „Da! Du Jude!
Nimm das Holz!"   *Lukas 23, 26*

Simon von Kyrene,
der Mann aus Lybien, war gezwungen.
Er tat es nicht freiwillig.
Und er war froh, daß er davonkam,
ohne selbst gekreuzigt zu werden.

Aber das wäre einzuüben:
Auch wo sich alles in uns sträubt,
das Schicksal eines anderen mitzutragen,
dennoch den eigenen Willen einzubringen
und die eigene Zeit und Kraft.
Ein wenig Stellvertretung zu versuchen
oder doch den Beistand,
den der andere braucht.
Jedenfalls: Das Holz aufzunehmen
bis an den Punkt,
an dem wir es ablegen dürfen.

Dann geschah, was zu beschreiben
die Feder sich sträubt:
Sie kreuzigten ihn.
Sie verteilten seine Kleider.
Sie verspotteten ihn,
während er am Kreuz hing,
einen langen Tag lang.
Er hatte sich auf Gott verlassen
und starb mit dem Schrei:
„Mein Gott, warum hast du mich verlassen!"

Markus 15, 24–34

Er hatte für Liebe gekämpft
und starb, vom Haß zerfleischt.
Und am Ende legten sie ihn in ein Grab.

Da gibt es nicht viel einzuüben.
Nur die Trauer zu empfinden
über den Menschen.
Nein, über uns Menschen.
Über uns selbst, die sich Menschen nennen.
Die Trauer über die Unzähligen,
die täglich gottverlassen sterben
und menschenverlassen,
von der Gleichgültigkeit zerstört
oder von der mörderischen Absicht.

„Seht, ein Mensch!" In der Tat.
Auf dem Hügel der Totenköpfe
in Jerusalem im Jahre 30
offenbarte sich nicht nur Gott.
Es offenbarte sich vor allem auch
der Mensch.

VIII
Versuche den nächsten Schritt

95. Das Unfaßbare fassen

In der Morgenfrühe des dritten Tages
kamen Maria Magdalena,
Maria und Salome zum Grab ihres Meisters,
um ihn zu salben und fragten sich bang:
„Wer wird uns den Stein
vom Eingang des Grabes wegwälzen?"
Da sahen sie, daß der Stein abgewälzt war,
und schauten im Grab – was schauten sie?
Läßt sich das sagen? Eine Erscheinung
wie einen Menschen in einem weißen Gewand,
und sie erschraken bis ins Herz.
Eine Stimme kam irgendwoher:
„Er ist auferstanden!"
Da stürzten die Frauen aus dem Grab und flohen.
Denn Grauen hatte sie erfaßt.
Sie sagten aber niemandem etwas,
denn sie waren wie gebannt vor Furcht.   *Markus 16, 1–8*

Was ist wirklich geschehen?
Ist ein Stein abgewälzt worden?
Muß denn ein Auferstehender Steine abwälzen?
Kann ein Auferstehender behindert werden
an seiner Auferstehung durch ein verschlossenes Grab?

War das Grab leer?
Wenn ich auferstanden sein werde,
wird mein Grab nicht leer sein.
Der Körper wird im Grab bleiben.
Er hat seinen Dienst getan.
Er darf verwesen.

Stand da ein Engel?
Und wer sprach?

Die Erfahrung war wohl so unfaßbar,
daß sich aus der Verwirrung der Frauen
im Laufe der Zeit Geschichten gebildet haben,
die den Späteren erklären sollten,
was geschehen war. Hilflose Geschichten.

Der Streit um das leere Grab
und um den abgewälzten Stein scheint mir
ein Streit um Kaisers Bart.
Nein, Auferstehung geschieht anders.

Die Auferstehung spiegelt sich
in der überwältigenden Erfahrung
von drei Frauen.
Wer will Frauen die Berufung bestreiten,
Apostel zu sein, Priesterinnen, Predigerinnen?
Wer will ihnen den heiligen Geist bestreiten?
Sie waren Apostel zu einer Zeit,
da die Männer noch in ihrer Angst
sich in Schlaf und Traum versteckten.

Ostern ist ein Geschehen,
das Geist und Seele betrifft.
Es gibt da mit leiblichen Augen nichts zu sehen.
Man faßt es weder mit Geschichten,
die es beschreiben, noch mit Gedanken,
die es beweisen sollen.
Ostern will und muß geglaubt werden,
solange wir auf dieser Erde leben.
Aber in unserem Glauben, in unserer Ahnung
können wir fassen, was doch unfaßbar ist:
Das Geheimnis des Lebens, aus dem wir kommen,
und das Geheimnis des Lebens, auf das wir zugehen.

96. Das Unsagbare sagen

Magdalena stand vor dem Grab, weinend.
Während sie weinte, bückte sie sich
und sah in die Grabhöhle hinein.
Da fühlte sie, daß jemand hinter ihr stand.
Der fragte sie: „Was weinst du? Wen suchst du?"
Sie meinte, er sei der Gärtner, und sagte:
„Wenn du ihn weggetragen hast, dann sage mir,
wohin, dann will ich ihn holen."
Da sprach die Erscheinung sie an: „Maria!"
Sie fuhr herum und rief: „Mein Meister!"

Aber Jesus wehrte ab: „Rühre mich nicht an!
Ich bin im Übergang! Sage aber meinen Brüdern,
daß ich auf dem Wege zum Vater, zu Gott, bin."
Da lief Maria zu den Jüngern und rief:
„Ich habe den Herrn gesehen!"
und berichtete, was er ihr gesagt hatte.

Johannes 20, 11–18

Sie hatte die Nacht in der Tiefe
ihrer eigenen Seele zugebracht, schlaflos,
wie ich mir denke. Im Grab ihrer Seele.
Sie hat ihr Entsetzen nicht abgestreift
durch Flucht wie die Jünger.
Sie wachte an einem tiefen, dunklen Ort.
Und es brauchte eine ganze Weile,
bis sie den Garten und die Gräber
und was sich da begab, wahrnahm.

Aber dann, als sie ihren Namen hört,
ist es, als brause das Wasser,
das sich in der Tiefe gesammelt hatte,
wie in einer Quelle ans Licht.

Und mit dem Meister, den sie schaut,
steht auch sie selbst auf
aus der stummen Totenwache ihrer Seele.
Sie gewinnt ihre Kraft wieder
und eine neue dazu,
die aus einer anderen Welt kommt.
Und sie beginnt zu reden.
Zeugin der Auferstehung.

Sie kann ihn nicht fassen, den Meister.
„Rühre mich nicht an", sagte er,
„Ich bin im Vorübergehen.
Aber den Vorübergehenden darfst du schauen."
Und sie wird auf einen Weg gesandt: „Geh!"
Sie empfängt das Amt des Apostels:
„Sage meinen Brüdern!
Sie sollen durch dich schauen, was du geschaut hast."
Und mit diesem Auftrag tritt sie
aus der Zone der Verzweiflung ins Leben.

Am Ende verstehen auch die Jünger:
„Friede sei mit euch", hören sie.
Durch die verschlossene Tür ihrer Seele trat er ein.
„Nehmt den heiligen Geist", hören sie.
„Den Geist der Lebendigkeit und der Kraft,
der Liebe und des Verstehens."

Johannes 20, 11–22

In Maria Magdalena schlug der neue Mensch
die Augen auf,
und er wird nun wachsen und reifen
auf seinem Weg über diese Erde des Todes,
bis er Gott selbst schauen wird
– wie die Bildersprache der Bibel es ausdrückt –
„von Angesicht zu Angesicht".

97. Wach sein und warten

Daß es schwierig ist,
den Geist Gottes zu unterscheiden
vom eigenen Geist,
das zeigen zweitausend Jahre.
Wenn wir ihn aber unterscheiden,
dann entdecken wir,
daß alles noch einmal anders ist,
als wir gelernt haben.

Dann werden wir Gott mehr gehorchen
als den Traditionen der Kirche.
Dann wird uns das Dogma
nicht mehr hindern, selbst zu denken.
Unsere Konfession
wird uns nicht mehr den Blick verbauen.
Wir werden Autoritäten
nicht mehr an Gottes Stelle setzen.
Wir werden unseren Weg gehen
durch eine Kirche,
die so weit ist wie die Welt,
unseren Weg zu allen Menschen.
Als Töchter und Söhne Gottes.

Wer vom Geist Gottes erfüllt ist,
verändert die Welt.
Er kann sagen, was doch unsagbar ist.
Er macht die Türen auf und die Fenster
und gibt den Menschen den Blick frei
hinüber in ihre Zukunft.

Wir sollen also von unserer Erfahrung reden,
unbekümmert, ob unser Wort
in unsere Zeit paßt oder nicht.

Ostern ist geschehen. Ostern geschieht.
Die Welt ist anders, als wir meinten.
Und wir selbst sind es mit ihr.

Noch einmal, Jesus:
Du redest vom Reich Gottes
und sagst, am Schlußpunkt der Welt
werde es uns offenstehen.
Wie ein Fest.
Aber was haben wir heute davon?

„Ich bin bei euch", höre ich ihn,
„wenn ihr zu Tisch sitzt.
Ihr brecht das Brot und brecht es
zusammen mit allen, die des Brotes bedürfen.
Ihr trinkt den Wein, weil euer Ziel ein Fest ist.
Glaubt an das Leben und feiert das Fest."

Aber noch eine Frage, Jesus:
Wenn ich vom Reich Gottes spreche,
sagen die anderen: Viel zu lange
warten die Menschen darauf.
Es kam nie. Wann kommt es?"

Und ich höre: „Vielleicht diese Stunde.
Vielleicht morgen. Niemand weiß es.
Ich warne dich vor denen,
die vorgeben, es zu wissen.

Aber laß dich auch nicht müde machen
von denen, die nichts wagen,
denen die lange Zeit den Mut abgekauft hat.

Das Ende kommt.
Vielleicht morgen, vielleicht heute.
Wenn es aber kommt, sei wach."

98. Das Ziel ist die Heimkehr

Aber eins glaube ich nicht,
obwohl es heute viel gedacht wird:
daß wir zu wiederholtem Erdenleben
hierher zurückkehren.
Hätte Jesus dergleichen gedacht,
er hätte ohne Zweifel davon geredet.

Ich weiß nicht, was nach meinem Leben sein wird.
Ich lasse mich überraschen.
Ich kann mir denken,
daß ich viel nachholen
oder neu einüben muß,
das nötig ist für meinen weiteren Weg.
Vieles ablegen und viel lernen,
wenn ich mich eignen soll
zum Bürger des Gottesreiches.

Aber das Ziel ist, so Jesus
das Fest der Heimkehr in Gott.

Es scheint mir auch nicht nötig zu sein,
daß wir mehr wissen.
Uns ist nicht gesagt,
warum die Welt sich dreht.
Wir kennen nicht alle Geheimnisse.
Wir lösen nicht alle Rätsel.
Wir müssen nur wissen,
auf wen wir zugehen
und wie wir die nächsten Schritte tun.

Wir warten auf das, was Gott tut.
Dann versuchen wir zu tun,
was Gott erwartet.
Das ist alles.

Wir tun im Frieden,
was Gott in seiner Welt
durch unsere Hand tun will.
Wir wissen nicht,
wie wir uns davor bewahren sollen,
schuldig zu werden Tag für Tag.
Aber wir vertrauen darauf,
daß Gott uns nicht an unserer Unschuld mißt,
sondern an unserer Liebe zu denen,
die gleich uns schuldig sind.

Wir wollen die Güter dieser Erde
dankbar genießen, wenn sie uns gegeben sind,
aber unser Herz nicht daran hängen.
Denn wo unser Schatz ist,
da wird auch unser Herz sein.   *Mattäus 6, 19*

Am Ende finden wir die Sorglosigkeit,
unsere Lebenspläne Gott anheim zu geben,
und die Gelassenheit, die dort einkehrt,
wo der Wille Gottes an die Stelle
unseres Willens getreten ist.

99. Wie man nach Hause kommt

Aber wie komme ich an dieses Ziel, Jesus?
Was kann ich tun, damit dein Reich kommt?
Was kann ich tun, damit ich in ihm lebe,
hier schon, auf dieser Erde,
in dem Reich Gottes in mir selbst,
im Reich Gottes unter den Menschen?

Ich höre Leute, die rufen:
„Wir bringen das Paradies!",
und sie gehen durch Blut und Gewalt.
Ich höre Leute, die sagen:
„Wir bringen das Reich der Gerechtigkeit!",
während sie über das Recht der Menschen
und der Schöpfung brutal hinwegschreiten.
Ich höre Leute, die sagen:
„Mit uns zum Frieden!",
und die den Frieden bringen
mit Streit und Haß, mit Waffen und mit Krieg.
Wie soll das aussehen, Jesus,
das Reich Gottes und der Menschen,
von dem du sprichst?

„Laß dich nicht stören",
so höre ich Jesus,
„daß ich in Bildern rede.
Das Geheimnis der Nähe Gottes
ist verborgen seit Anfang der Welt.
Niemand öffnet es anders
als durch Bilder. Schau her!

Ein Bild, das die Psalmen haben:
Sie erzählen von einer Karawane.
Menschen und Tiere viele Wochen

auf dem Weg durch die Wüste,
durch die sengende Hitze,
die Kälte der Nächte.
In Gefahr und Mühe,
in der Angst ums Überleben.
Und sie erreichen eine Stadt
mit Bäumen und Brunnen.
Finden Schutz und Sicherheit.
So erreichst du Gott.

Ich zeige dir einen Vagabunden,
der auf langen Irrwegen,
Umwegen und Abwegen
sich selbst schon aufgab
und dann doch heimfand
und seinen Vater sagen hörte:
‚Endlich! Mein Sohn!'
So kommst du nach Hause.   *Lukas 15, 24*

Ich zeige dir eine Hochzeit,
einen Bräutigam auf dem Weg zum Haus der Braut.
Sie nehmen einander an der Hand
und führen einander zum Fest.
Wie eine Braut, wie ein Bräutigam,
so wirst du gesegnet sein.   *Lukas 12, 35−37 und öfter*

Ich zeige dir einen Tisch.
Hungrige kommen von den Gassen,
von der Landstraße und aus den Hinterhöfen.
Sie finden ein Mahl.
Finden Brot und Wein.
So wirst du mit aller Schöpfung zusammen
in Gott sein."   *Johannes 21, 12 und öfter*

100. Schauen

Das ist das einzige,
was in dieser Welt letztlich wichtig ist:
daß Gott in allem ist
und alles in Gott.
Daß das Dunkle, Rätselvolle,
auch wenn unsere Augen es nicht sehen,
aufgelöst ist in Licht.
Daß du, Mensch, an dein Ziel kommst:
In Gott zu sein.

Ich habe Jesus gefragt:
Wohin soll ich gehen?
Hast du eine Richtung für mich?
Was ist mein Ziel?
Und ich höre ihn sagen:
„Ich zeige dir dein Ziel
in Spiegelungen und Gleichnissen.
In Spiegelungen von Licht
wie in strömendem Wasser,
in Hell-Dunkel-Spielen
wie in Scherben von Glas.
Aber dann,
dann wirst du das Licht schauen.
Das Licht, Gott selbst.

Geh den nächsten Schritt.
Nicht den Schritt bis ans Ende der Welt.
Nur den nächsten.
Laß dich einen Träumer schelten
von denen, die sagen:
‚Mit beiden Füßen muß der Mensch
auf der Erde stehen!'
Wer ein Ziel erreichen will,
muß unterwegs sein.

Wer mit beiden Beinen auf der Erde steht,
kommt nicht vorwärts.
Schau auf das Ziel hin
mit offenen Augen.
Und bleib nicht stehen.
Komm!"

Der große brasilianische Bischof Dom Helder Câmara
hat einmal gesagt:

„Nein, bleibe nicht stehen.
Es ist göttliche Gnade,
gut zu beginnen.

Es ist eine größere Gnade,
auf dem guten Weg zu bleiben
und den Rhythmus nicht zu verlieren.

Aber die Gnade der Gnaden ist es,
sich nicht zu beugen, und,
ob auch zerbrochen und erschöpft,
vorwärts zu gehen bis zum Ziel."

Bibelstellenregister

2   3   4   5   99   98   97   96   95

© Kreuz Verlag Stuttgart 1995

Postfach 80 06 69, 70506 Stuttgart, Tel.: 07 11/78 80 30
Umschlaggestaltung: Jürgen Reichert
Satz: Dorner GmbH, Aichwald
Druck und Bindung: Printed in Germany
ISBN 3 7831 1372 5

Beten kann man lernen:

Aus dem Gespräch mit jungen Menschen ist dieses Buch entstanden und insbesondere für sie gedacht. Es eignet sich daher auch hervorragend als Geschenk. Im Stil eines persönlichen Gesprächs erläutert Jörg Zink, daß Beten in jeder Lage und Situation möglich ist. Warum aber nicht zum Einstieg einmal mit einer Nachtwache unter dem freien Sternenhimmel beginnen? Denn Beten – nicht das Nachsprechen vorformulierter Texte – ist eine Frage des Lernens und der Übung.

Jörg Zink
Aufrecht unter dem Himmel
Wie man beten lernen kann
160 Seiten, Hardcover

Psalmen und Gebete der Bibel:

Meisterhaft versteht es Jörg Zink in seinen Übertragungen und zum Teil freien Nachdichtungen, die vertraute Sprache der Bibel und heutiges Sprachempfinden aufeinander abzustimmen. Ruhm und Klage, Trost, Bitte, Hoffnung und Segen finden in diesen Texten Ausdruck. Die Auswahl ist nach Gebetsanlässen geordnet.

Jörg Zink
Psalmen und Gebete der Bibel
144 Seiten, Hardcover mit Schutzumschlag

KREUZ: Was Menschen bewegt.

Jörg Zink erinnert sich:

Jörg Zink bringt uns in unnachahmlicher Weise seine Gedanken, Träume und Lebensziele näher. Meisterhaft versteht er es, Szenen aus seinem Leben so zu erzählen, daß sie für einen nicht nur äußeren, sondern auch inneren Weg transparent werden. Aus einem verträumten Kind wurde durch Erlebnisse während des Zweiten Weltkrieges und die Probleme der jüngsten Vergangenheit ein entschiedener und engagierter Theologe und Publizist.

> Jörg Zink
> **Sieh nach den Sternen –**
> **gib acht auf die Gassen**
> Erinnerungen
> *400 Seiten, mit 39 Schwarzweiß-Fotos,*
> *Hardcover mit farbigem Schutzumschlag*

Sprechen mit Gott:

Jörg Zink führt den Leser Schritt für Schritt aus Sprachlosigkeit und Unruhe in den persönlichen Dialog mit Gott. Nicht über Gott theoretisieren, sondern zu ihm sprechen und die Nöte und Probleme unserer Welt nicht verschweigen, das ist das Ziel dieser Einübung ins Beten.

> Jörg Zink
> **Wie wir beten können**
> *283 Seiten, Hardcover mit Schutzumschlag*

KREUZ: Was Menschen bewegt.